Regina Ahrens

Familien- und Vereinbarkeitspolitik in Deutschland

Eine Einführung

Regina Ahrens
Hochschule Hamm-Lippstadt
Hamm, Deutschland

ISSN 2627-2903 ISSN 2627-2911 (electronic)
Elemente der Politik
ISBN 978-3-658-37148-7 ISBN 978-3-658-37149-4 (eBook)
https://doi.org/10.1007/978-3-658-37149-4

Die Deutsche Nationalbibliothek verzeichnet diese Publikation in der DeutschenNationalbibliografie; detaillierte bibliografische Daten sind im Internet über http://dnb.d-nb.de abrufbar.

© Der/die Herausgeber bzw. der/die Autor(en), exklusiv lizenziert an Springer Fachmedien Wiesbaden GmbH, ein Teil von Springer Nature 2022
Das Werk einschließlich aller seiner Teile ist urheberrechtlich geschützt. Jede Verwertung, die nicht ausdrücklich vom Urheberrechtsgesetz zugelassen ist, bedarf der vorherigen Zustimmung des Verlags. Das gilt insbesondere für Vervielfältigungen, Bearbeitungen, Übersetzungen, Mikroverfilmungen und die Einspeicherung und Verarbeitung in elektronischen Systemen.
Die Wiedergabe von allgemein beschreibenden Bezeichnungen, Marken, Unternehmensnamen etc. in diesem Werk bedeutet nicht, dass diese frei durch jedermann benutzt werden dürfen. Die Berechtigung zur Benutzung unterliegt, auch ohne gesonderten Hinweis hierzu, den Regeln des Markenrechts. Die Rechte des jeweiligen Zeicheninhabers sind zu beachten.
Der Verlag, die Autoren und die Herausgeber gehen davon aus, dass die Angaben und Informationen in diesem Werk zum Zeitpunkt der Veröffentlichung vollständig und korrekt sind. Weder der Verlag, noch die Autoren oder die Herausgeber übernehmen, ausdrücklich oder implizit, Gewähr für den Inhalt des Werkes, etwaige Fehler oder Äußerungen. Der Verlag bleibt im Hinblick auf geografische Zuordnungen und Gebietsbezeichnungen in veröffentlichten Karten und Institutionsadressen neutral.

Planung/Lektorat: Jan Treibel
Springer VS ist ein Imprint der eingetragenen Gesellschaft Springer Fachmedien Wiesbaden GmbH und ist ein Teil von Springer Nature.
Die Anschrift der Gesellschaft ist: Abraham-Lincoln-Str. 46, 65189 Wiesbaden, Germany

Elemente der Politik

Reihe herausgegeben von
Hartmut Aden
Hochschule für Wirtschaft und Recht Berlin
Berlin, Deutschland

Sonja Blum
FernUniversität in Hagen
Hagen, Deutschland

Hendrik Hegemann
Institut für Friedensforschung und
Sicherheitspolitik an der Universität Hamburg
Hamburg, Deutschland

Andrea Schneiker
Zeppelin Universität
Friedrichshafen, Deutschland

Sven T. Siefken
Martin-Luther-Universität Halle-Wittenberg
Halle (Saale), Deutschland

Die ELEMENTE DER POLITIK sind eine politikwissenschaftliche Lehrbuchreihe. Ausgewiesene Experten und Expertinnen informieren über wichtige Themen und Grundbegriffe der Politikwissenschaft und stellen sie auf knappem Raum fundiert und verständlich dar. Die einzelnen Titel der ELEMENTE dienen somit Studierenden und Lehrenden der Politikwissenschaft und benachbarter Fächer als Einführung und erste Orientierung zum Gebrauch in Seminaren und Vorlesungen, bieten aber auch politisch Interessierten einen soliden Überblick zum Thema.

Die Reihe wurde zuvor herausgegeben von Hans-Georg Ehrhart, Bernhard Frevel, Klaus Schubert, Suzanne S. Schüttemeyer.

Weitere Bände in der Reihe
https://link.springer.com/bookseries/12234

Für alle Familien

Vorwort

Dieses Lehrbuch ist das Ergebnis vieler glücklicher Fügungen. Seine Geschichte beginnt im Jahr 2006, als Irene Gerlach in einem Seminar zur Familienpolitik an der Universität Münster mein Interesse für das Thema weckte. Mich begeisterte dieses Politikfeld, das so viele andere Politikfelder beeinflusst, das so hochkomplex und gleichzeitig so lebensnah ist. Zu dem Zeitpunkt wusste ich noch nicht, dass mein gesamter beruflicher Werdegang auf dem Thema Familien- und Vereinbarkeitspolitik aufbauen würde.

In den letzten knapp 15 Jahren habe ich nicht nur in diesem Bereich gelehrt und geforscht, sondern auch Unternehmen und Privatpersonen begleitet und bei der Verbesserung ihrer (betrieblichen und individuellen) Vereinbarkeitssituation beraten. Besonders beeindruckt haben mich dabei die Konflikte rund um die Vereinbarkeit von Beruf und Familie (die durch die Corona-Pandemie zuletzt noch verschärft wurden). Ich bin der festen Überzeugung, dass diese Konflikte konstruktiv sein können – sowohl auf persönlicher als auch auf betrieblicher Ebene – sofern sie mit adäquaten Mitteln bearbeitet und nicht „unter den Teppich gekehrt" werden. Bei meiner Arbeit erlebe ich täglich, wie die ehrliche Auseinandersetzung mit diesen Konflikten Menschen (und Arbeitgebern) bei ihrer persönlichen (betrieblichen) Weiterentwicklung hilft. Ich hoffe, dass ich mit diesem Buch – neben all den wissenschaftlichen Anregungen – einen kleinen Teil dazu beitragen kann, diese Botschaft in die Welt zu tragen.

Teile dieses Buches habe ich während meines Lehrauftrags an der Europäischen Fernhochschule Hamburg (Euro-FH) für ein Studienheft verfasst. Die Idee, auf dieser Basis ein Lehrbuch zu schreiben, verdanke ich meiner Freundin und Kommilitonin Sonja Blum. Sie begleitet mich seit fast 15 Jahren mit ihren wertvollen Ideen, ihrem fundierten Wissen und mit geschickt platzierter und immer konstruktiver Kritik. Ich danke dir, liebe Sonja! Ebenfalls danken möchte ich an dieser Stelle meiner wissenschaftlichen Mentorin, Doktormutter und ehemaligen Chefin Irene Gerlach. Sie hat den Grundstein für mein familien- und vereinbarkeitswissenschaftliches Interesse gelegt und ich verdanke ihr die Inspiration für zahlreiche wissenschaftliche und private Erkenntnisse, Erfahrungen und Kontakte. Besonders danke ich dir, liebe Irene, für die wertvolle Zeit im Forschungszentrum Familienbewusste Personalpolitik. Ich bin dankbar dafür, eine Chefin gehabt zu haben, die mich nicht nur in jeglicher Hinsicht eigenverantwortlich arbeiten lassen hat, sondern sich sogar gefreut hat über die Nachricht, dass ich schwanger bin.

Danke sagen möchte ich zudem bei Anna Buschmeyer und Claudia Zerle-Elsäßer vom Deutschen Jugendinstitut (DJI) in München und bei Viktoria Menzel von der Hochschule Hamm-Lippstadt. Seit 2020 arbeiten wir gemeinsam am Forschungsprojekt „Mütter und Väter in der Corona-Pandemie", dessen Ergebnisse in das Kap. 6 eingeflossen sind. Karin Jurczyk danke ich für den Rat, der Familienpolitik treu zu bleiben. Ihre Ermutigungen haben mir geholfen, wenn ich zwischendurch Zweifel hatte. Außerdem bedanke ich mich herzlich bei Nicola Delhey, bei Jasmin Klein und bei Marieme Agne für ihren fachlichen Rat und die konstruktive Kritik zu diesem Lehrbuch.

Danken möchte ich außerdem meinen Studierenden an der Hochschule Hamm-Lippstadt und an der Westfälischen Wilhelms-Universität Münster für ihre klugen Anregungen, für ihr Interesse und ihre Nachfragen sowie meinen Mediand*innen und Coachees für ihr Vertrauen und ihre Bereitschaft zur Veränderung und zum Dialog.

Mein größter Dank gilt allerdings meiner eigenen Familie. Ohne meine Eltern und Schwiegereltern, meine Geschwister und Schwägerinnen, meine Großeltern, Tanten, Onkel, Cousinen und Cousins, Nichten und Neffen und ohne meine Freundinnen und Freunde wäre ich nicht die, die ich heute bin. Für eure Unterstützung und euren Glauben an mich und meine Fähigkeiten bedanke ich mich von ganzem Herzen. Das wichtigste in meinem Leben sind seit vielen Jahren mein Mann und meine Kinder. Dank eurer Liebe ist das Leben schön!

Münster	Regina Ahrens
im Januar 2022	

Inhaltsverzeichnis

1 **Einleitung**   1

2 **Familie im Wandel**   7
  2.1 Demografische Entwicklung   8
  2.2 Familie und Elternschaft als Lebensform   13
  2.3 Zusammenfassung   31

3 **Familien- und Vereinbarkeitspolitik in Deutschland**   33
  3.1 Entwicklung der Familien- und Vereinbarkeitspolitik   34
  3.2 Familien- und Vereinbarkeitspolitik als Querschnittspolitik   46
  3.3 Akteure der Familien- und Vereinbarkeitspolitik   48
    3.3.1 Internationale Akteure   50
    3.3.2 Staatliche Akteure   52

	3.3.3	Nicht-staatliche Akteure	58
	3.3.4	Exkurs: Betriebliches Familienbewusstsein	62
3.4		Motive und Instrumente der Familien- und Vereinbarkeitspolitik	73
3.5		Zielgruppen der Familien- und Vereinbarkeitspolitik	81
3.6		Zusammenfassung	84

4 Familie und Vereinbarkeit in der Wissenschaft — 87
- 4.1 Soziologie — 88
- 4.2 Ethnologie — 90
- 4.3 Psychologie — 92
- 4.4 Erziehungswissenschaft — 95
- 4.5 Wirtschaftswissenschaft — 97
- 4.6 Politikwissenschaft — 100
- 4.7 Datenbanken — 109
- 4.8 Weiterführende Literatur (nach Disziplinen) — 114
- 4.9 Zusammenfassung — 115

5 Familien- und Vereinbarkeitspolitik im internationalen Vergleich — 117
- 5.1 Familiestruktur im internationalen Vergleich — 119
- 5.2 Familien- und vereinbarkeitspolitischer Input — 122
- 5.3 Familien- und vereinbarkeitspolitische Outcomes — 126
- 5.4 Herausforderungen im Umgang mit den Daten — 136
- 5.5 Vergleichende familien- und vereinbarkeitspolitische Analysen — 140

	5.5.1	Familien- und vereinbarkeitspolitischer Input	140
	5.5.2	Familien- und vereinbarkeitspolitische Outcomes	144
5.6		Relevante wissenschaftliche Fachzeitschriften	148
5.7		Zusammenfassung	149

6 Familien- und Vereinbarkeitspolitik in der Corona-Pandemie — 151
  6.1 Familie und Corona in Deutschland — 152
  6.2 Familien- und vereinbarkeitspolitische Maßnahmen in der Corona-Pandemie — 154
  6.3 Auswirkungen der Corona-Pandemie auf das Familienleben — 157
    6.3.1 Vereinbarkeitskonflikte — 157
    6.3.2 Psychisches und physisches Wohlergehen von Eltern und Kindern — 161
  6.4 Ausblick: Wie geht es für Familien weiter? — 164
  6.5 Zusammenfassung — 166

7 Fazit — 169

8 Kommentierte Literatur — 173

9 Fallstudie — 177

Literatur — 181

Abbildungsverzeichnis

Abb. 2.1	Zusammengefasste Geburtenziffer in Deutschland 1871–2019	10
Abb. 2.2	Altersaufbau der Bevölkerung (2018 und 2060). Ergebnisse der 14. Koordinierten Bevölkerungsvorausberechnung des Bundes und der Länder, Variante 2: Moderate Entwicklung der Fertilität, Lebenserwartung und Wanderung (langfristiger Wanderungssaldo: 206.000 jährlich)	12
Abb. 2.3	Bevölkerung ab 20 Jahre* nach Familienstand (1970–2018)	13
Abb. 3.1	Akteure der Familien- und Vereinbarkeitspolitik	48
Abb. 3.2	Maximale Differenz zwischen sehr und wenig familienbewussten Unternehmen in Prozent	64
Abb. 3.3	Betriebliches Familienbewusstsein als Prozess	68
Abb. 3.4	Zentrale Maßnahmen familienpolitischer Leistungen	76

Abbildungsverzeichnis

Abb. 4.1	Das ABC-X-Modell nach Hill (1958), zitiert nach Benninghoven/Cierpka/Thomas, V. (2008: 429)	94
Abb. 5.1	Durchschnittliche Haushaltsgröße nach Haushaltstyp (2015).	119
Abb. 5.2	Zusammenleben von Eltern und Kindern (2018).	120
Abb. 5.3	Zusammengefasste Geburtenziffer (1970, 1995 und 2019).	121
Abb. 5.4	Durchschnittliches Alter der Mutter bei der Geburt des ersten Kindes (1970, 2000, 2019).	122
Abb. 5.5	Öffentliche Ausgaben für familienbezogene Leistungen (in % des BIP; 2017).	123
Abb. 5.6	Dauer der bezahlten Auszeit für Väter.	127
Abb. 5.7	Müttererwerbstätigkeitsquote (15- bis 64-Jährige, Kinder zwischen 0 und 14 Jahre) nach Erwerbsstatus in %, 2019.	128
Abb. 5.8	Erwerbstätigkeit in Deutschland und Ungarn (in %, nach Geschlecht und Altersgruppe), 2018.	129
Abb. 5.9	Erwerbstätigkeit in Griechenland und Italien (in % nach Geschlecht und Altersgruppe), 2018.	130
Abb. 5.10	Geschlechtsspezifische Aufteilung bezahlter kindbezogener Auszeiten, 2016.	131
Abb. 5.11	Geschlechtsspezifische Zeitverwendung für Care-Arbeit (in %), nach Anzahl der nichtschulpflichtigen Kinder, 25- bis 44-Jährige, 1999–2010.	132
Abb. 5.12	Gender Pay Gap (Median-Einkommen; Vollzeitbeschäftigte), 2002–2018.	133
Abb. 5.13	Kinderbetreuungsquote (0- bis 2-Jährige; in %), 2019.	134
Abb. 5.14	Durchschnittliche Betreuungsdauer in Wochenstunden (0- bis 2-Jährige, 2019).	135

Abb. 5.15	Nutzung informeller Kinderbetreuung, nach Alter der Kinder (in %, 2019).	135
Abb. 5.16	Relative Einkommensarmut in % (Gesamtbevölkerung und Kinder zwischen 0 und 17 Jahren), 2018.	136
Abb. 6.1	Veränderungen in der Einschätzung der Work-Family-Konflikte in Prozent, Mütter und Väter.	159
Abb. 6.2	Veränderungen in der Einschätzung der Family-Work-Konflikte in Prozent, Mütter und Väter.	160

Tabellenverzeichnis

Tab. 2.1 Entwicklung der U3-Betreuungsquote in Prozent.............................. 18
Tab. 3.1 Instrumente familienbewussten Personalmanagements..................... 66
Tab. 4.1 Datenbanken für Sekundäranalysen.......... 110

1

Einleitung

Woran denken Sie, wenn Sie die Begriffe „Familie" und „Eltern" lesen? An Vater, Mutter, zwei Kinder, Reihenhaus und Sonntagbraten? An gestresste Väter, überforderte Mütter und vernachlässigte Kinder? Was auch immer wir mit diesen Begriffen verbinden, ist tief in uns verankert, denn „[d]as Wort Eltern ist ohne normativen Kontext kaum vorstellbar" (Gerlach 2017c: 21). Jeder hat seine eigenen Vorstellungen davon, wie Familie und Eltern zu sein haben. Gleichzeitig ist das, was Familie und Eltern tatsächlich *sind*, nicht homogen. Schon seit Jahrzehnten beobachten Familienwissenschaftler*innen eine Pluralisierung von Elternschaft und Familie. Gründe dafür sind zum einen demografische Entwicklungen, veränderte Geschlechterrollen, aber auch veränderte Ansichten darüber, was Kinder brauchen und wovor sie geschützt werden müssen.

Familie galt in Deutschland lange Zeit als Privatangelegenheit, in die sich zwar die Religion, nicht aber der Staat einmischen durfte. Wenn Sie sich heute anschauen, wie politische Akteure (z. B. Parteien) „Familie" definieren, werden Sie häufig den folgenden Satz lesen: „Familien ist, wo Menschen füreinander Verantwortung übernehmen." Familie ist „bunter" geworden, das zeigt auch die Statistik. Es gibt mehr Ein-Eltern-Familien (Alleinerziehende), mehr Patchwork-Familien und mehr Regenbogenfamilien, also Familien mit gleichgeschlechtlichen Eltern, als noch vor einigen Jahrzehnten. Es ist davon auszugehen, dass die Pluralisierung von Familie für viele Menschen einerseits mit einer großen Freiheit einhergeht: Anders als noch vor fünfzig Jahren können Eltern und Familien heute viel leichter eigene Lebensentwürfe umsetzen, ohne sich in vorgefertigte Muster einfügen zu müssen. Auf der anderen Seite kann die Vielzahl der Möglichkeiten auch dazu führen, dass Eltern sich unter Druck gesetzt fühlen, eigene Vorstellungen von Familie zu entwickeln und diese dann auch „perfekt" umzusetzen. Die in der Bundesrepublik Deutschland immer noch relativ neue gesellschaftliche Erwartungshaltung, dass beide Elternteile erwerbstätig sind und sich gleichberechtigt um die Kinder kümmern, daneben auch noch Zeit finden für den Anbau von Gemüse im eigenen Garten, diverse Bastelprojekte und den Bau (sowie die Finanzierung) eines schicken Eigenheims kann zu psychischer und physischer Belastung von Müttern und Vätern (und letztendlich auch Kindern) führen. Das Müttergenesungswerk geht beispielsweise davon aus, dass mehr als zwei Millionen Mütter und 230.000 Väter kurbedürftig sind (Müttergenesungswerk 2019). Belastungsfaktoren, die von Müttern bzw. Vätern in Mutter-/Vater-(Kind-)Kuren am häufigsten genannt werden, sind ständiger Zeitdruck, berufliche Belastung und Probleme dabei, Beruf und Familie zu vereinbaren. Auch die AOK Familienstudie nennt Zeitdruck als wichtigsten Belastungsaspekt von Eltern (AOK 2018). Als gesundheitliche Störungen werden am häufigsten starke Erschöpfung, Schlafstörungen und Rückenbeschwerden angegeben (Müttergenesungswerk 2019). Gerlach geht davon aus, dass „[i]n vielen Fällen [...] die Quelle des empfundenen Drucks im Auseinanderklaffen von Leitbildern und praktischem Alltag zu sehen [ist]" (Gerlach 2017c: 28), da „moderne Leitbilder zwar vertreten [sind], aber nicht mehrheitlich gelebt werden" (Gerlach 2017c: 43).

Themen, die Familien heute beschäftigen, sind zum Beispiel folgende:

- qualitativ hochwertige und an die Arbeitsbedingungen der Eltern angepasste Betreuungsmöglichkeiten für die Kinder;
- Aufteilung von Arbeits- und Kinderbetreuungszeit zwischen den Eltern;
- steigende Lebenshaltungskosten, insbesondere steigende Preise fürs Wohnen, vor allem in Ballungszentren;
- respektvolle Erziehung ohne körperliche und seelische Gewalt;
- Beziehung zu Großeltern und anderen Verwandten, die weit entfernt leben;
- Aufbau sozialer Netzwerke in der eigenen Nachbarschaft.

Die Familienpolitik muss diese Veränderungen berücksichtigen, wenn sie Familien bei der Beantwortung dieser Fragen unterstützen möchte. Als Familienpolitik im weitesten Sinne können wir dabei alle „gesellschaftlichen und staatlichen Aktivitäten verstehen, welche die Gestaltung familialer Aufgaben beeinflussen. Dies kann gewollt oder ungewollt, direkt oder indirekt geschehen. [...] *Familienpolitik im engeren Sinne* [Hervorhebung im

Original] bezeichnet gewollte öffentliche Aktivitäten, Maßnahmen und Einrichtungen, mit denen bezweckt wird, familiale Leistungen, die explizit oder implizit erbracht werden sollen, anzuerkennen, zu fördern, zu beeinflussen oder durchzusetzen. Dabei wird – unter Bezug auf ‚gesellschaftspolitische Ordnungsvorstellungen' – gleichzeitig umschrieben, welche Sozialformen als ‚Familien' gelten sollen" (Lüscher 2003: 14). Die Vereinbarkeitspolitik ist ein Teilbereich der Familienpolitik, der darauf abzielt, die Rahmenbedingungen für die Vereinbarkeit von Beruf und Familie zu verbessern.

Das Ziel dieses Lehrbuchs ist es einerseits, den Wandel der Lebensform Familie in Deutschland nachzuzeichnen. Andererseits werden Sie erfahren, wie die Familien- und Vereinbarkeitspolitik auf die skizzierten Veränderungen reagiert bzw. diese mit unterschiedlichen Maßnahmen auch selbst angestoßen hat – und wie diese Veränderungen aus Sicht der vergleichenden Policy-Forschung zu erklären sind.

Das Kap. 2 widmet sich den demografischen Entwicklungen und den Veränderungen von Familie und Elternschaft. Im Kap. 3 erhalten Sie einen Einblick in das Politikfeld Familie und Vereinbarkeit mit seinen Akteuren, Motiven, Instrumenten und Zielgruppen. Das Kap. 4 stellt die wissenschaftliche Beschäftigung mit Familie und Vereinbarkeit aus unterschiedlichen Disziplinen in den Vordergrund. Der Frage, wie Familien- und Vereinbarkeitspolitik außerhalb Deutschlands ausgestaltet ist, widmet sich das Kap. 5. Im Kap. 6 werfen wir einen Blick auf aktuelle Entwicklungen und gehen der Frage nach, inwiefern die Corona-Pandemie das Leben von Familien in Deutschland verändert hat.

Jedes dieser Kapitel beginnt mit einem Lernziel und endet – neben einer knappen Zusammenfassung – mit Wiederholungsaufgaben. Bitte verstehen Sie diese Aufgaben als Anregung zum Weiterdenken und als Denkanstöße für Ihr Selbststudium.

2

Familie im Wandel

Zusammenfassung In diesem Kapitel lernen Sie, wie sich die Lebensform Familie in Deutschland entwickelt hat, indem sie demografische und gesellschaftliche Veränderungen kennenlernen, um den Kontext, in dem die Familienpolitik heute agiert einschätzen zu können.

Familie als Lebensform ist ständig im Wandel. Die gesellschaftlichen Veränderungen, die zu diesem Wandel beitragen, reichen zum Teil schon Jahrzehnte zurück, wie wir zunächst am Beispiel der demografischen Entwicklung sehen werden.

Ergänzende Information Die elektronische Version dieses Kapitels enthält Zusatzmaterial, auf das über folgenden Link zugegriffen werden kann https://doi.org/10.1007/978-3-658-37149-4_2.

2.1 Demografische Entwicklung

Die Bevölkerungsentwicklung ist grundsätzlich abhängig von

- der Fertilitätsentwicklung (sie gibt an, wie viele Kinder eine Frau zur Welt bringt),
- der Mortalitätsentwicklung (sie gibt die Veränderung bei der Lebenserwartung an),
- der Migrationsentwicklung (sie gibt an, wie viele Menschen zu- oder wegziehen).

Bis zum Beginn der Industrialisierung war die Bevölkerungsstruktur in Deutschland geprägt von Großfamilien mit durchschnittlich sechs Kindern und unverheirateten Tanten, Onkeln und Großeltern, die mit im Haushalt der Familie lebten. Die Familienstrukturen änderten sich u. a. durch die Verbesserung der medizinischen Versorgung und dem damit verbundenen Anstieg der Lebenserwartung ab Mitte des 19. Jahrhunderts, sowie durch die Einführung der Sozialversicherung. Die Anzahl der Kinder sank kontinuierlich von knapp fünf (im 19. Jahrhundert) auf zwei bis drei (Anfang des 20. Jahrhunderts) (Bundesinstitut für Bevölkerungsforschung 2019a; Gerlach 2010: 53) – auch weil Kinder seit der Einführung der Renten- und Krankenversicherung nicht mehr im selben Maße wie vorher für die Versorgung der Eltern (im hohen Alter oder bei Erkrankung) gebraucht wurden.

> **Definition 2.1**
>
> Laut Bundesinstitut für Bevölkerungsforschung (Bundesinstitut für Bevölkerungsforschung 2019b) ist die zusammengefasste Geburtenziffer „eine hypothetische Kennziffer und gibt an, wie viele Kinder je Frau geboren

> würden, wenn für deren ganzes Leben die altersspezifischen Geburtenziffern des jeweils betrachteten Kalenderjahres gelten würden. Sie errechnet sich aus der Summe aller 30 beziehungsweise 35 altersspezifischen Geburtenziffern der Altersjahrgänge 15 bis 44 beziehungsweise 49 für ein Kalenderjahr."

Bevölkerungspolitische Maßnahmen im Dritten Reich und auch der wirtschaftliche Aufschwung in den 1960er Jahren führten zwar wieder zu einem Anstieg der Geburtenzahlen in Deutschland, ab den 1970er Jahren sank die zusammengefasste Geburtenziffer aber zunehmend, um sich schließlich auf einem Niveau von ca. 1,5 einzupendeln. Die Abb. 2.1 verdeutlicht diese Entwicklung.

Dieses heute sehr niedrige Niveau lässt sich u. a. durch die hohe Zahl der kinderlosen Männer und Frauen erklären. Die Kinderlosenquote lag 2018 bei 21 %, d. h., dass mehr als ein Fünftel der Frauen zwischen 45 und 49 Jahren zu diesem Zeitpunkt keine Kinder hatten. Das sind ungefähr doppelt so viele wie noch eine Generation zuvor (Statistisches Bundesamt 2019: 16). Aber auch die Tatsache, dass Frauen bei der Geburt ihres ersten Kindes immer älter sind, trägt dazu bei, dass insgesamt weniger Kinder geboren werden (da mit einem höheren Alter die Wahrscheinlichkeit sinkt, Kinderwünsche noch realisieren zu können). Diese Entwicklung setzte schon in den 1970er (BRD) bzw. 1980er (DDR) Jahren ein. Im Jahr 2019 lag das Durchschnittsalter von Frauen bei der Geburt des ersten Kindes bei 31,5 Jahren (Statistisches Bundesamt 2020).

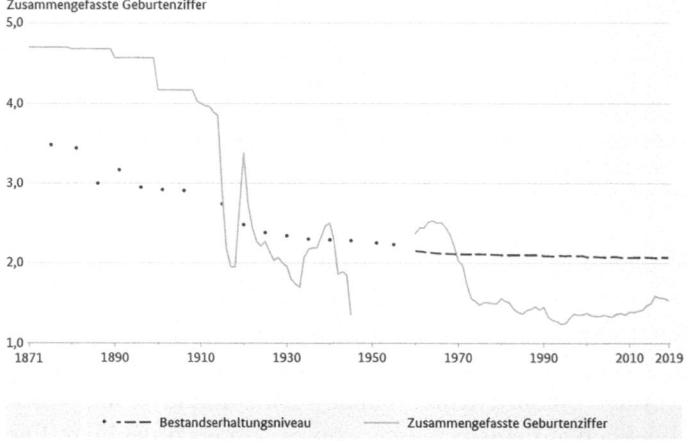

Abb. 2.1 Zusammengefasste Geburtenziffer in Deutschland 1871–2019. (Quelle: Bundesinstitut für Bevölkerungsforschung (2019b). Datenquelle: Statistisches Bundesamt, Europarat, Berechnungen verschiedener Autoren. Anmerkung: Für verschiedene Jahre liegen keine Daten vor, im Interesse der Darstellung einer langen Reihe wurden deshalb die Zwischenjahre geschätzt)

Neben der Fertilitätsentwicklung hat sich auch die Lebenserwartung verändert: Seit Ende des 19. Jahrhunderts hat sie sich mehr als verdoppelt und liegt für neugeborene Jungen aktuell bei 78,6 Jahren, für neugeborene Mädchen sogar bei 83,4 Jahren.

Auch die Migration – also die Zu- oder Abwanderung – haben einen Einfluss auf die Bevölkerungsstruktur. Wenn mehr Menschen wegziehen als zuwandern, schrumpft die Bevölkerung. Wenn mehr Menschen zuwandern als wegziehen, wächst sie. Im Jahr 2019 lag der Wanderungsüberschuss bei 327.000 Personen, das heißt, dass mehr Menschen zu- als abwanderten. Im Durchschnitt ist die

2 Familie im Wandel

Bevölkerung mit Migrationshintergrund[1] jünger ist als die Bevölkerung ohne Migrationshintergrund. Dies ist u. a. dadurch zu erklären, dass in Familien mit Migrationshintergrund im Durchschnitt mehr Kinder leben als in Familien ohne Migrationshintergrund (Bundesministerium für Familie, Senioren, Frauen und Jugend 2016).

Die Abb. 2.2 zeigt den aktuellen Altersaufbau der Bevölkerung in Deutschland. Die durchgezogenen Linien verdeutlichen die Prognose für das Jahr 2060 und machen klar, dass sich die Alterung der Bevölkerung in Deutschland auch in Zukunft weiter fortsetzen wird.

Ein Blick ins Detail zeigt, dass nicht nur der Altersaufbau, sondern auch die Bevölkerungsstruktur sich geändert hat. Am Beispiel des Familienstandes werden diese Veränderungen deutlich. Seit den 1970er Jahren hat sowohl die Anzahl der Ledigen als auch die der Geschiedenen kontinuierlich zugenommen. Immer weniger Menschen sind hingegen verheiratet (BiB o. J.) (Abb. 2.3).

Der Anteil der Menschen, die in Familien leben, ist zwar mit 48 % (2019) immer noch relativ hoch

---

[1] Der Begriff „mit Migrationshintergrund" wird – auch in der Wissenschaft – kritisch diskutiert. El-Mafaalani (2017, 465 ff.) stellt beispielsweise fest, dass „der Begriff für die Migrations- und Integrationsforschung durchaus funktional erscheint, […] sich [aber] kaum für die Diskriminierungs- und Rassismusforschung [eignet], da das Risiko, diskriminiert zu werden, innerhalb der statistischen Gruppe der Menschen mit Migrationshintergrund sehr unterschiedlich verteilt ist […], da sich diskriminierendes Verhalten eher auf bestimmte Nationalitäten, Religionen, angenommene kulturelle Unterschiede,das Aussehen (im Sinne biologisch-rassistischer Klassifikationen)oder die Sprache (Sprachkompetenz/Akzent) bezieht." El-Mafaalani kritisiert,dass „[m]it dem Begriff […] Menschen zusammengefasst und damit homogenisiert [werden], die – abgesehen von ihrer (familialen) Migrationserfahrung,die wiederum sehr heterogen sein kann – nicht homogenisierbar sind" El-Mafaalani (2017, S. 475). Dennoch wird der Begriff, z. B. in der amtlichen Statistik, verwendet und ist auch in den alltäglichen Sprachgebrauch übergegangen.Zur Entstehung des Begriffs siehe El-Mafaalani (2017).

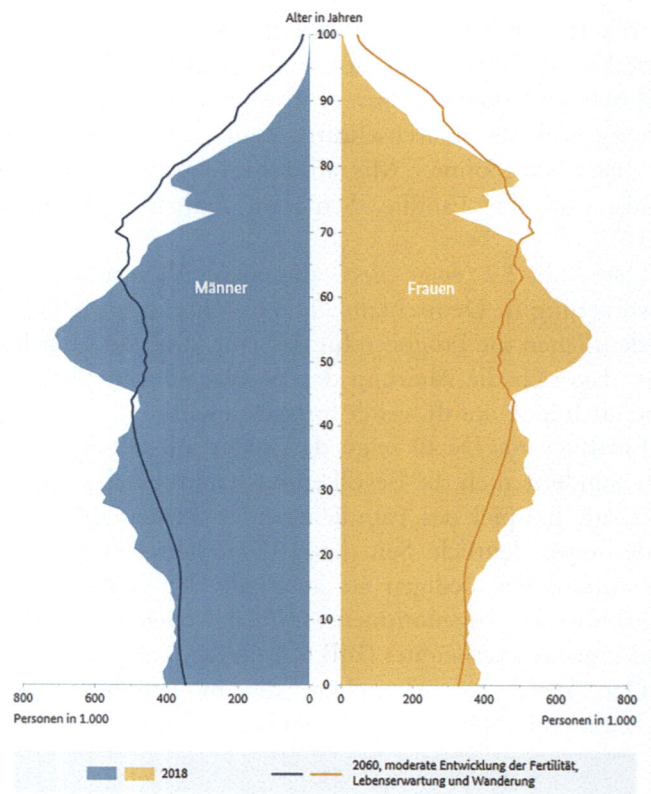

Abb. 2.2 Altersaufbau der Bevölkerung (2018 und 2060). Ergebnisse der 14. Koordinierten Bevölkerungsvorausberechnung des Bundes und der Länder, Variante 2: Moderate Entwicklung der Fertilität, Lebenserwartung und Wanderung (langfristiger Wanderungssaldo: 206.000 jährlich). (Quelle: (Bundesinstitut für Bevölkerungsforschung o. J.a). Datenquelle: Statistisches Bundesamt)

(Statistisches Bundesamt 2020b: 117), sinkt aber kontinuierlich, während der Anteil der Alleinstehenden und der Anteil der Paare ohne Kinder steigt.

Trotz dieser Tendenz ist die Familie nach wie vor die häufigste Lebensform in Deutschland. Wie sich diese

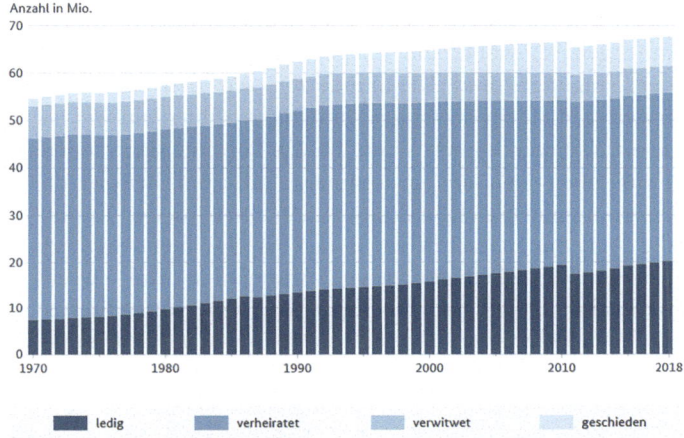

* Die Altersgrenze 20 Jahre wurde gewählt, weil es bis einschließlich 1974 unterschiedliche Grenzen für die Volljährigkeit gab (Früheres Bundesgebiet 21 Jahre, DDR 18 Jahre).

Abb. 2.3 Bevölkerung ab 20 Jahre* nach Familienstand (1970–2018). (Quelle: Bundesinstitut für Bevölkerungsforschung o. J.b. Datenquelle: Statistisches Bundesamt)

Lebensform in den letzten Jahrzehnten verändert hat – vor welchem Hintergrund die demografischen Entwicklungen also zu sehen sind – zeigen die folgenden Abschnitte.

2.2 Familie und Elternschaft als Lebensform

„Die Familie hat im Vergleich zur vorindustriellen Zeit bestimmte Funktionen an den Staat oder an andere gesellschaftliche Gruppierungen abgetreten. So verlor sie z. B. als erstes die Kult- und Gerichtsfunktion, später, durch die Etablierung des Militärs, von Krankenhäusern u.a.m. reduzierte sich ihre Schutz- und Fürsorgefunktion für ihre Mitglieder. Dagegen hat sie die Reproduktions- und Sozialisationsfunktion (und damit auch eine gesellschaftliche Platzierungsfunktion) immer inne gehabt, wobei die Pflege und Erziehung während der Säuglings- und Kleinkinderzeit seit dem 20. Jahrhundert in einem derartigen Umfang von ihr allein wie nie zuvor wahrgenommen wird. Hinzu kommt, dass andere Funktionen neu hinzugekommen sind, zum Beispiel die ‚Spannungsausgleichsfunktion', d. h. es wird der Familie die Aufgabe zugeschrieben, einen psychischen Ausgleich zur gesellschaftlich gestiegenen Anonymität und Zweckrationalität sowie zur hochspezialisierten, -organisierten und -bürokratisierten Arbeitswelt zu gewährleisten." (Nave-Herz 2018: 125)

Dieses Zitat verdeutlicht, dass Familie und Elternschaft sich ständig im Wandel befinden. Deshalb wagen wir einen kurzen Blick zurück: Wie sahen Familie und Elternschaft früher aus? Wie haben sie sich verändert?

Bis zu Beginn des 19. Jahrhunderts galt: Wer nicht verheiratet war, konnte auch keine (legitimen) Kinder haben. In der zweiten Hälfte des 19. Jahrhunderts änderten sich die Vorstellungen über Elternschaft und Familie langsam. Durch die zunehmende Bedeutung der Schulbildung im Zuge der Aufklärung wurde Familie immer stärker als „Schonraum" für Kinder gesehen. Gleichzeitig entstand das Bild der romantischen Liebe als Voraussetzung für Ehe und Partnerschaft. Geheiratet wurde fortan nicht mehr (nur), weil es sich aus wirtschaftlicher Sicht lohnte, sondern aus Liebe oder zumindest Sympathie füreinander.

Exkurs

Was zählt bei der Heirat? Geld oder Liebe?
Vielleicht wissen Sie von Ihren Großeltern, aus welchen Gründen sie geheiratet haben. Bis in die zweite Hälfte des 20. Jahrhunderts waren in Deutschland Mitgiften die Regel, das heißt finanzielle Aspekte spielten bei Heiraten

> immer noch eine Rolle. Eine Mitgift (Aussteuer) wurde von der Braut mit in die Ehe gebracht. Dies konnte u. a. Nutztiere (z. B. eine Kuh oder ein Schwein) oder Textilien (z. B. Bettwäsche) sein, aber natürlich auch Geld oder Immobilien. Die Mitgift wurde entweder vom Brautvater an den Bräutigamvater oder direkt an das Brautpaar übergeben. Nichtsdestotrotz gewannen Liebe und Zuneigung als Gründe für eine Hochzeit an Bedeutung.
>
> Mitgiften sind heute unüblich geworden. Umfragen zeigen aber, dass finanzielle Aspekte bei der Partnerwahl immer noch eine Rolle spielen: Eine vom Meinungsforschungsinstitut TNS Emnid im Auftrag der Postbank durchgeführte Studie zeigt: Knapp ein Fünftel der Frauen wünschen sich einen reichen Partner (Willmroth 2015).

In der Zeit der Industrialisierung änderte sich auch das Rollenbild von Männern und Frauen nach und nach. Während (zumindest in Arbeiterfamilien) beide Elternteile bis dahin erwerbstätig waren – auch weil Arbeits- und Lebenswelt bis dahin meist nicht voneinander getrennt waren – brachte die Industrialisierung eine Trennung mit sich: Männer arbeiteten verstärkt außerhalb der Familie (z. B. in einer Fabrik), Frauen verstärkt innerhalb der Familie (in Haushalt und Kindererziehung) (Gerlach 2010: 41 ff.; Kaufmann 2019: 131 ff.).

> **Beispiel 2.1**
>
> Die Arbeitsaufteilung im vorindustriellen Zeitalter sah zum Beispiel folgendermaßen aus: Die Familie bewirtschaftete einen kleinen Bauernhof. Was nicht selbst verzehrt wurde, verkaufte die Frau auf dem Markt. Der Mann war für die Bestellung der Felder zuständig, die Frau versorgte die Tiere. Die älteren Kinder arbeiteten mit auf dem Hof. Unverheiratete Tanten oder Großmütter, die mit auf dem Hof lebten, sowie ältere Kinder übernahmen die Betreuung der kleineren Geschwister.

Bis weit in die 1960er Jahre galt die Koppelung von Familie und Ehe immer noch als Selbstverständlichkeit. Wer gegen diese Norm verstieß (also unverheiratet schwanger wurde bzw. ein Kind zeugte), musste mit sozialer Ausgrenzung rechnen. In den 1970er Jahren vollzog sich dann ein Wandel, deren Ursprung Familiensoziologinnen und -soziologen allerdings schon auf das Ende des 19. Jahrhunderts datieren. Bereits zu diesem Zeitpunkt nahm die Anzahl der Kinder in den Familien deutlich und kontinuierlich ab. Dieser Trend verstärkte sich mit der Verbreitung von Verhütungsmitteln, allen voran die „Pille" in den 1960er Jahren. Ehe und Sexualität waren damit nicht mehr untrennbar miteinander verbunden und jedes Kind für sich bekam damit für die Eltern eine immer größere individuelle Bedeutung. Gleichzeitig strebten Frauen – und damit auch Mütter – vermehrt Bildungs- und Berufsabschlüsse an und wurden somit unabhängiger von ihren Partnern.

Aber wie sieht Familie heute aus? Die kurze Antwort auf diese Frage lautet: Familie ist „bunter" als früher. Folgende Trends lassen sich erkennen:

Rolle der Kinder innerhalb der Familie
Neben der Rolle von Müttern und Vätern hat sich auch die Position der Kinder innerhalb von Familien in den letzten Jahrzehnten gewandelt. Unter anderem hat das Konzept des Kindeswohls, das u. a. in der Kindschaftsrechtsreform von 1998 und im Recht auf eine gewaltfreie Erziehung (seit 2001) zum Ausdruck kommt, etabliert. In diesem Zuge hat sich auch das auf einer starken Kindeswohlorientierung fußende „Leitbild der verantworteten Elternschaft" (Henry-Hutmacher 2014) entwickelt. Die Politikwissenschaftlerin Susanne von Hehl spricht gar von einer „Notwendigkeit der Professionalisierung von Elternschaft", die aus diesem hohen Anspruch an die Erziehung und Humankapitalbildung entsteht (Hehl 2017).

Gleichzeitig hat die öffentliche Verantwortung für Kinder in den letzten Jahren zugenommen. So nutzen beispielsweise immer mehr Familien öffentliche Betreuungsangebote für ihre Kinder. Seit dem 1. August 2013 besteht ein Rechtsanspruch auf einen Betreuungsplatz für Kinder ab dem ersten Geburtstag. Wenn beide Elternteile arbeiten oder eine Ausbildung absolvieren oder wenn es für die Entwicklung des Kindes förderlich ist, besteht dieser Anspruch sogar schon vor dem ersten Geburtstag (§ 24 Abs. 1 SGB VIII). Im Jahr 2020 wurden deutschlandweit 829.000 Kinder unter drei Jahren in Kindertagesbetreuungseinrichtungen betreut. Die Betreuungsquote lag damit bei 35 %. In den ostdeutschen Bundesländern ist sie deutlich höher als in den westdeutschen Bundesländern, wie die folgende Tabelle zeigt (Statistisches Bundesamt 2020c) (Tab. 2.1).

Auch wenn die U3-Betreuungsquoten in den westdeutschen Bundesländern zwischen 2008 und 2021 (und vor allem im Vorfeld der Einführung des Rechtsanspruchs auf einen Betreuungsplatz für unter Dreijährige im Jahr 2013) drastisch gestiegen sind, macht Mätzke für Ost- und Westdeutschland weiterhin „two persistently different childcare regimes" (Mätzke 2019: 47) aus. Gleichzeitig stellt sie fest, dass die Angleichung der Kinderbetreuungssysteme zwischen Ost- und Westdeutschland deutlich langsamer vonstattengeht als die Angleichungsprozesse in anderen Politikfeldern. Ihr zufolge lassen sich die immer noch bestehenden Unterschiede u. a. aus den unterschiedlichen lokalen Verwaltungskapazitäten und Ressourcen sowie aus der unterschiedlichen Nachfragesituation in den einzelnen Bundesländern erklären: In ostdeutschen Bundesländern werden weitaus mehr Kinderbetreuungsplätze nachgefragt als im Westen, da in den alten Bundesländern immer noch die Idealvorstellung des *male breadwinner* – also des männlichen Hauptverdieners – vorherrsche. In der Konsequenz führe dies dazu, dass „[p]

Tab. 2.1 Entwicklung der U3-Betreuungsquote in Prozent. (Quellen: Blum (2017: 328), basierend auf Zahlen des Statistischen Bundesamtes und Statistisches Bundesamt (2021))

Bundesland	2008	2013	2015	2021
Baden-Württemberg	11,5	24,9	27,8	28,7
Bayern	11,7	24,8	27,5	29,3
Berlin	36,8	43,7	45,9	45,4
Brandenburg	38,9	53,6	56,8	56,6
Bremen	10,6	23,2	27,1	29,4
Hamburg	18,1	38,4	43,3	47,2
Hessen	11,6	25,7	29,7	31,3
Mecklenburg-Vorpommern	34,4	54,5	56,0	57,9
Niedersachsen	7,6	24,4	28,3	31,9
Nordrhein-Westfalen	7,1	19,9	25,8	29,6
Rheinland-Pfalz	13,8	28,8	30,6	29,2
Saarland	13,2	24,6	28,3	29,8
Sachsen	33,0	47,2	50,6	52,5
Sachsen-Anhalt	52,1	57,7	57,9	56,9
Schleswig–Holstein	7,3	26,3	31,4	35,2
Thüringen	37,5	51,4	52,3	53,8
Deutschland	**15,3**	**29,3**	**32,9**	**34,4**
Westdeutsche Länder	**10,0**	**24,2**	**28,2**	**30,6**
Ostdeutsche Länder	**38,4**	**49,8**	**51,9**	**52,3**

olicymakers and the majority of parents themselves long viewed public childcare as inferior to maternal care […] and harmful for young children" (Mätzke 2019: 58).

Obwohl die Kinderbetreuungssituation also regional sehr unterschiedlich gestaltet ist, findet Kindheit insgesamt deutlich stärker auch im öffentlichen Raum statt, als dies noch vor einer Generation der Fall war. Erzieherinnen und Erzieher, Lehrerinnen und Lehrer sowie Betreuungskräfte in Hort und Offener oder Geschlossener Ganztagsschule interagieren mit Eltern und Kindern und nehmen so direkt und indirekt Einfluss auf die Erziehung der Kinder.

Familien mit Migrationshintergrund
Migration ist – wie der Wissenschaftliche Beirat für Familienfragen ganz richtig betont – eine *family affair* (Diehl et al. 2016: 17) beziehungsweise ein *Familienprojekt* (Baader et al. 2018): Familien wandern in der Regel entweder gemeinsam aus oder einzelne Familienmitglieder kommen nach, in der aufnehmenden Gesellschaft müssen sich die einzelnen Familienmitglieder und die Familie als Ganzes neu positionieren, z. B. weil im Ausland erworbene Berufsabschlüsse nicht anerkannt werden und die Sprache erlernt werden muss. All das schweißt zusammen: In Befragungen von jungen Menschen zeigt sich, dass Jugendlichen mit Migrationshintergrund ihre Eltern und Geschwister wichtiger sind als Jugendlichen ohne Migrationshintergrund (Wissenschaftlicher Beirat für Familienfragen 2016: 184).

In Deutschland hatte im Jahr 2019 rund jede vierte Person einen Migrationshintergrund. Und sogar mehr als jede dritte Familie zählt zu den Familien mit Migrationshintergrund. Circa ein Drittel der Kinder und Jugendlichen, die in Deutschland leben, haben einen direkten oder indirekten Migrationshintergrund.

Definition 2.2

Laut Statistischem Bundesamt liegt ein Migrationshintergrund vor, wenn eine Person oder mindestens einer ihrer Elternteile mit einer nicht-deutschen Staatsangehörigkeit geboren wurde (Wissenschaftlicher Beirat für Familienfragen 2016). In anderen Bereichen, z. B. in der Schulstatistik der Bundesländer, wird der Begriff „Migrationshintergrund" allerdings unterschiedlich (und abweichend von der Definition des Statistischen Bundesamtes) verwendet, was eine Vergleichbarkeit bei der Analyse von Daten erschwert (El-Mafaalani 2017: 470).

Familien mit Migrationshintergrund sind – genauso wie Familien ohne Migrationshintergrund – sehr heterogen (El-Mafaalani 2017). Es gibt ökonomisch privilegierte, hochqualifizierte Zuwandernde, die nach Deutschland kommen, weil sie hier bessere Karrierechancen haben als im Ausland oder sich bessere (Aus-)Bildungschancen für ihre Kinder erhoffen. Andere Familien kommen, weil sie in ihrem Heimatland von Krieg, Gewalt und Hunger bedroht sind. Wieder andere sind in Deutschland geboren und aufgewachsen. Entsprechend sind auch die Ressourcen und Teilhabechancen von Familien mit Migrationshintergrund sehr unterschiedlich.

Der rechtliche Status spielt eine wichtige Rolle dabei, wie gut Familien mit Migrationshintergrund die Teilhabe am Leben in ihrem neuen Heimatland gelingt. Staatsangehörige von EU-Mitgliedstaaten dürfen beispielsweise innerhalb der Union entsprechend Art. 20 Abs. 1, 21 Abs. 1 AEUV umziehen und sich in einem anderen Mitgliedstaat niederlassen. Auch Familienmitglieder dürfen nachziehen (siehe Richtlinie 2003/86/EG; Familienzusammenführungsrichtlinie). Für Personen aus Drittstaaten ist es wesentlich schwieriger, einen Aufenthaltsstatus zu erhalten und die Familie nachziehen zu lassen. Genaueres regelt das Aufenthaltsgesetz (AufenthG). Die Regelungen sind in den letzten Jahren sukzessive verschärft worden. Familienmitglieder dürfen nur nachziehen, wenn mindestens ein Elternteil über eine Aufenthaltserlaubnis, eine Niederlassungserlaubnis oder eine Erlaubnis zum Daueraufenthalt verfügt und genügend Wohnraum für die nachziehenden Familienmitglieder zur Verfügung steht (§§ 27, 30, 32 AufenthG; siehe hierzu auch Wissenschaftlicher Beirat für Familienfragen 2016: 60). Für Asylsuchende bestehen davon abweichende Regelungen. Für Staatsangehörige der Türkei mit einer regulären Beschäftigung in Deutschland gibt es aufgrund des Assoziationsabkommens zwischen der EWG und der Türkei von 1980 die Möglichkeit, Familienangehörige nachziehen zu lassen.

> **Beispiel 2.2**
> Razan Sabia ist vor fünf Jahren aus Syrien nach Deutschland geflüchtet. Seiner Ehefrau und seinen drei Kindern wurde ebenfalls Asyl gewährt. Sie konnten im Zuge des Familiennachzugs kurze Zeit später nachkommen.
> Anders lief es bei Baschar Almukdad: Er musste bangen, bis seine Familie nach Deutschland kommen konnte: Den Antrag auf Familiennachzug stellte er im März 2020, kurz bevor der Familiennachzug aufgrund der Corona-Maßnahmen pauschal ausgesetzt wurde. Zum 1. Juli 2020 hat das Bundesinnenministerium die Beschränkungen der Familienzusammenführungen wieder aufgehoben.

Eng mit dem rechtlichen Status ist die Frage verknüpft, ob Eltern mit Migrationshintergrund erwerbstätig sein können. Aus wirtschaftlicher Sicht können Familien mit Migrationshintergrund auf weniger Ressourcen zurückgreifen als Familien ohne Migrationshintergrund: Väter mit Migrationshintergrund verdienen im Schnitt 459 € weniger als Väter ohne Migrationshintergrund (mittleres Nettoeinkommen – Median). Bei den Müttern ist der Unterschied mit 235 € pro Monat geringer. Gleichzeitig sind Mütter mit Migrationshintergrund aber auch deutlich seltener erwerbstätig als Mütter ohne Migrationshintergrund (54 % gegenüber 76 %) (Bundesministerium für Familie, Senioren, Frauen und Jugend 2020b). Carola Buckert, Mitarbeiterin der Arbeitsgruppe Migration und Integration des Instituts für Arbeitsmarkt- und Berufsforschung, sieht folgende Erklärungsansätze für die Einkommensunterschiede zwischen Eltern mit und ohne Migrationshintergrund: „[E]rstens die starke Überrepräsentanz von Personen mit Migrationshintergrund in jenen Wirtschaftszweigen, welche deutlich geringere Entlohnungsstrukturen als andere Wirtschaftszweige, in denen zum Beispiel Personen ohne Migrationshintergrund stärker repräsentiert sind, haben – beispielsweise im Reinigungsgewerbe. Die Eintrittsschwellen in diese Wirtschaftszweige sind häufig geringer bezüglich der formalen Anforderungen und notwendigen Voraussetzungen. Zweitens könnten Personen mit Migrationshintergrund mit Lohnabschlägen konfrontiert sein wegen fehlender beziehungsweise unzureichender deutscher Sprachkenntnisse, fehlenden oder nicht anerkannten Qualifikationen und Kompetenzen und fehlenden Kenntnissen bezüglich der Funktionslogik des deutschen Arbeitsmarktes" (Bundesministerium für Familie, Senioren, Frauen und Jugend 2020b: 28).

Neben den genannten Faktoren hängt der niedrigere Durchschnittsverdienst auch mit dem Bildungserfolg zusammen. Studien zeigen, dass Kinder mit Migrationshintergrund in schulischen Belangen schlechter abschneiden als Kinder ohne Migrationshintergrund. So sind Kinder mit Migrationshintergrund bei den niedrigeren Schulbildungsgängen überrepräsentiert, gehen also häufiger auf Haupt- und Realschule als Kinder ohne Migrationshintergrund (Bundesministerium für Familie, Senioren, Frauen und Jugend 2020b). Wichtig ist hier allerdings eine Differenzierung, „denn während viele türkisch- und italienischstämmige Schülerinnen und Schüler weniger erfolgreich sind, erzielen andere Gruppen sogar bessere Ergebnisse als Schülerinnen und Schüler ohne Migrationshintergrund" (Diehl et al. 2016: 88). Ebenso fällt auf, dass die Unterschiede (den schulischen Erfolg betreffend) zwischen Kindern mit und Kindern ohne Migrationshintergrund wegfallen, wenn zum Beispiel nach dem Bildungshintergrund der

Eltern kontrolliert wird (Diehl et al. 2016: 88). Als weiterer Erklärungsansatz für die geringere Beteiligung von Kindern mit Migrationshintergrund an höheren Schulbildungsgängen wird auch die Diskriminierung von Menschen mit Migrationshintergrund im Bildungssystem angeführt. Für den Bereich der vorschulischen und schulischen Bildung analysiert Hummrich (2017) die institutionelle Diskriminierung von Kindern und Jugendlichen aufgrund von rassistischen und ethnisierenden Zuschreibungen. Sie kommt zu dem Schluss, dass während die Diskriminierung im Bereich der frühen Kindheit bisher nur unsystematisch erforscht ist, zahlreiche Studien deutliche Hinweise darauf geben, dass institutionelle Diskriminierung in der schulischen Bildung „sehr greifbar" ist (Hummrich 2017: 341). Bonefeld und Dickhäuser (2018) verdeutlichen beispielsweise mit ihrer experimentellen Studie den *unconscious bias* von Lehrkräften: In der Studie vergaben Lehramtsstudierende in einem Diktat schlechtere Noten an Kinder mit ausländisch klingendem Namen („Murat") als an Kinder mit einem Deutsch klingenden Vornamen („Max") – bei gleicher Fehleranzahl (Bonefeld und Dickhäuser 2018). Ähnliche Befunde zum Einfluss von stereotypen Vornamen auf die Bewertung finden sich u. a. auch bei Budde, J. und Venth (2010) sowie bei Becker, R. und Tremel (2011).[2]

---

[2] Zur Bildungsbenachteiligung geflüchteter Kinder und Jugendlicher, siehe El-Mafaalani und Kemper (2017). Das „Handbuch Diskriminierung" von Scherr et al. (2017) fasst den aktuellen Stand der Forschung zur Diskriminierung von Menschen mit Migrationshintergrund in unterschiedlichen gesellschaftlichen Teilbereichen zusammen. Zur Situation von Familien und Kindern mit Migrationshintergrund liefern zum Beispiel Baader et al. (2018) sowie der Wissenschaftlicher Beirat für Familienfragen (2016) deutlich umfangreichere Analysen, als der begrenzte Rahmen dieses Lehrbuchs es zulässt.

Diversifizierung von Familien- und Partnerschaftsformen
Eine weitere Entwicklung besteht darin, dass Familien zunehmend kleiner werden, was einerseits an der sinkenden Anzahl der Kinder liegt, andererseits aber auch an der zunehmenden Distanz zu Verwandten, z. B. Großeltern. Daten aus dem Deutschen Alterssurvey zeigen, dass die Kontakthäufigkeit zwischen Großeltern und ihren Enkelkindern abgenommen hat: Knapp die Hälfte der befragten Großeltern gab im Jahr 2008 an, mindestens einmal in der Woche Kontakt zu ihren Enkelkindern im Alter zwischen 16 und 27 Jahren zu haben (z. B. Besuche, Briefe, Telefonate, SMS oder E-Mail). 2014 waren es nur noch 40 % (Seilbeck und Langmeyer 2018: 31). Die Kontakthäufigkeit wird u. a. durch den Gesundheitszustand der Großeltern, durch das Alter der Enkelkinder und durch die Wohnentfernung beeinflusst. Großeltern nehmen also in sehr unterschiedlichem Umfang an der Entwicklung ihrer Enkelkinder und an deren Familienleben teil.

Die Veränderungen in Familien und Partnerschaften zeigen sich aber u. a. auch an der gestiegenen Anzahl von Familien, in denen die Eltern nicht verheiratet sind (von 7 % in 2008 auf 9 % in 2018; Statistisches Bundesamt 2019: 24) sowie an der steigenden Anzahl von Ehescheidungen und an der Zunahme von Ein-Eltern-Haushalten (sog. Alleinerziehende): Im Jahr 2018 waren 23 % der Familien Alleinerziehende, in 9 % der Familien waren die Eltern nicht verheiratet (Statistisches Bundesamt 2019: 24). Bei den Alleinerziehende zeigt sich ein deutlicher Geschlechterunterschied: Die Mehrzahl stellen mit 84 % die Mütter dar, nur 16 % der Alleinerziehenden sind Väter (Statistisches Bundesamt 2019: 24).

> **Definition 2.3**
>
> In der amtlichen Statistik werden Mütter oder Väter als alleinerziehend bezeichnet, wenn sie ohne Lebens- oder Ehepartner mit mindestens einem minderjährigen Kind in einem Haushalt zusammenleben. Befragungen von Alleinerziehenden zeigen aber, dass sie sich selbst als „alleinerziehend" definieren, wenn sie wesentliche Entscheidungen, die das Kind betreffen, alleine fällen – also unabhängig von der Frage, in welchem Haushalt das Kind wohnt (Sinus Sociovision 2012).

Wenn eine Partnerschaft in die Brüche geht, müssen die Eltern (im Zweifelsfall gerichtlich) entscheiden (lassen), bei wem das Kind oder die Kinder leben. Sie können darüber hinaus auch im Rahmen einer Mediation gemeinsam vereinbaren, wie sie sich die Erziehungsaufgaben untereinander aufteilen. In den letzten Jahren ist in Deutschland eine Debatte rund um das sogenannte Wechselmodell (auch Doppelresidenzmodell genannt) entstanden. Das Wechselmodell beschreibt die Tatsache, dass die Kinder nach der Trennung abwechselnd und zu ungefähr gleichen Teilen im Haushalt des Vaters und der Mutter leben (z. B. im wöchentlichen Wechsel). Während für Deutschland noch belastbare empirische Daten zu diesem Modell ausstehen, liefert der Blick ins Ausland interessante Erkenntnisse. In Belgien beispielsweise trat 2006 ein Gesetz in Kraft, das zur juristischen Priorisierung des Wechselmodells (dort definiert als die Tatsache, dass die Kinder mindestens 30 % der Zeit bei jedem Elternteil verbringen) geführt hat. In den meisten Fällen stellen die Väter einen Antrag auf wechselseitige Betreuung bei Gericht. Eine Befragung unter knapp 1500 französischsprachigen belgischen Jugendlichen zwischen 12 und 15 Jahren (Merla und Dedonder 2019) ergab beispielsweise, dass gut 30 % der befragten Jugendlichen, deren

Eltern sich getrennt hatten, im Wechselmodell lebten. Mehr als 85 % der Befragten, die im Wechselmodell leben, sind mit dieser Regelung zufrieden. Die Zufriedenheitsrate ist damit höher als bei allen anderen Modellen (z. B. ausschließlich beim Vater, ausschließlich bei der Mutter). Jugendliche, die im Wechselmodell leben gaben zudem häufiger an, sich bei beiden Eltern zu Hause zu fühlen als Jugendliche, die schwerpunktmäßig bei einem Elternteil leben. Die Beziehung zu ihren Eltern bewerteten sie besser als Jugendliche in anderen Residenzmodellen.

Eine Scheidung der Eltern kann dazu führen, dass das Armutsrisiko (für einen der Partner oder für beide) steigt. Dies gilt verstärkt (v. a. für den/die zum Zeitpunkt der Ehe wirtschaftlich schwächeren Partner*in) seit der 2008 in Kraft getretenen Reform des Unterhaltsrechts und dem damit verbundenen „deutlichen Signal, auf wirtschaftliche Unabhängigkeit in einer Ehe nicht zu verzichten" (Gerlach 2017a: 128):3 Entsprechend des aktuellen § 1569, Satz 1 BGB „obliegt es nach der Scheidung jedem Ehegatten, selbst für seinen Unterhalt zu sorgen". Bei gemeinsamen Kindern hat der- bzw. diejenige Partner*in Anspruch auf Unterhalt vom/von der Ex-Partner*in, der/die das Kind pflegt und erzieht – in der Regel allerdings nur bis zum dritten Geburtstag des Kindes (§ 1570, Satz 1 BGB).[3] Durch diese Neuformulierung wurde das Prinzip der Eigenverantwortung *beider* Ehepartner in den Vordergrund gestellt. Scheiwe (2020) hebt dabei hervor, dass in Deutschland aufgrund der Verkürzung des nachehelichen Unterhaltsanspruchs „eine erhebliche Lücke

---

[3] § 1570, Satz 2 BGB regelt, dass sich die „Dauer des Unterhaltsanspruchs verlängert […], wenn dies unter Berücksichtigung der Gestaltung von Kinderbetreuung und Erwerbstätigkeit in der Ehe sowie der Dauer der Ehe der Billigkeit entspricht."

zwischen dem normativen Versprechen der nachehelichen Absicherung der wirtschaftlich schwächeren Partei und der meist unzureichenden Höhe von nachehelichen Unterhaltszahlungen [besteht]. [...] [N]ach Trennung oder Scheidung bietet das Familienrecht nur noch einen geringen sozialen Schutz zur Absicherung der Sorgearbeit, insbesondere für untere Einkommensgruppen". Derjenige Elternteil, der seine Erwerbstätigkeit (z. B. aus Gründen der Kinderbetreuung) während der Ehe eingeschränkt oder ganz aufgegeben hat, unterliegt damit nach einer Scheidung einem erhöhten Armutsrisiko (sofern er/sie seine/ihre Erwerbstätigkeit nach der Scheidung nicht ausweitet bzw. wiederaufnimmt). Finanzielle Verschiebungen entstehen allerdings bei unterschiedlichen Einkommenshöhen während der Ehe im Falle einer Scheidung auch mit Blick auf die Rente: Da die Rentenansprüche geschiedener Ehepartner halbiert und anschließend auf beide Ex-Partner verteilt werden, fallen beispielsweise die Rentenansprüche eines Alleinverdieners bzw. einer Alleinverdienerin deutlich geringer aus als vor der Scheidung.

Die Diversifizierung der Familie zeigt sich auch an einer weiteren Entwicklung: Die Anzahl der sogenannten Regenbogenfamilien, also Familien mit gleichgeschlechtlichen Eltern, nimmt zu.[4] Im Jahr 2016 lebten ca. 14.000 Kinder in einer Regenbogenfamilie, das sind 0,07 % aller Kinder unter 18 Jahren in Deutschland (Statistisches Bundesamt 2017: 140). Seit dem 1. Oktober 2017 können in Deutschland gleichgeschlechtliche Paare heiraten oder ihre eingetragene Lebenspartnerschaft (die es seit 2001 in Deutschland gibt) in eine Ehe

---

[4] Zur juristischen Einordnung der Anerkennung von gleichgeschlechtlicher Ehe und Elternschaft, siehe Scheiwe (2020).

umwandeln lassen. Seit diesem Datum können homosexuelle Paare auch gemeinsam (und nicht wie bisher nur nacheinander) Kinder adoptieren. Innerhalb von Europa sind die westeuropäischen Länder diejenigen, die homosexuellen Menschen am meisten Rechte zugestehen. Der Europäische Lobbyverband der Lesben und Schwulen in Europa (ILGA) attestiert z. B. Malta, Belgien, Luxemburg, Frankreich, Finnland, Schweden, Portugal und Dänemark die größte Liberalität bei der sexuellen Selbstbestimmung. Am schlechtesten schneiden Bulgarien, Rumänien, Litauen und Polen ab. Deutschland belegt einen Platz im Mittelfeld.

In vielen Ländern drohen homo-, trans-, bi- oder intersexuellen Menschen allerdings hohe Strafen – im Sudan, Saudi-Arabien und im Jemen sogar die Todesstrafe. Vor gut 30 Jahren wurde die erste „Homo-Ehe" geschlossen. 2018 entschied der Europäische Gerichtshof, dass die Mitgliedsstaaten der EU Homo-Ehen, die im Ausland geschlossen wurden, anerkennen müssen – selbst wenn sie im Land eigentlich nicht erlaub sind. In Deutschland scheiterte die „Ehe für alle" lange am Widerstand der Unionsparteien.

Aufteilung von Erwerbs- und Sorgearbeit
Wie weiter oben bereits skizziert, entwickelt sich die Beziehungen von Müttern und Vätern in den letzten Jahren langsam, aber kontinuierlich in Richtung einer partnerschaftlicheren Aufteilung von Erwerbs- und Sorgearbeit. Geschlechtsspezifische Unterschiede bestehen allerdings weiterhin. Nach der Geburt des ersten Kindes steigt die Mehrzahl der Mütter (zeitweise) aus dem Berufsleben aus, während viele Väter sogar mehr als zuvor arbeiten, um den Einkommensausfall ihrer Partnerin zu kompensieren. Dieses Phänomen wird häufig mit dem Begriff der „Retraditionalisierungsfalle" beschrieben

(siehe auch Ehnis 2018: 373; Rüling 2007) und liegt u. a. an den Einkommensdifferenzen zwischen Männern und Frauen (Blum 2017: 300). Der *gender pay gap*, also die geschlechterspezifische Lohnlücke, lag in Deutschland in 2018 bei 15,3 % (unbereinigt; OECD o. J.h) bzw. zwischen 2 % und 6 % (bereinigt; je nach Berechnungsgrundlage). Während hohe Teilzeitquoten und damit einhergehende geringere Stundenlöhne bei Frauen und eine geschlechterspezifische Berufswahl zu diesen Unterschieden beitragen, können sie die Lohnlücke jedoch nicht in vollem Umfang erklären. Es kann also vermutet werden, dass Frauen für dieselbe Arbeit weniger Lohn erhalten als Männer. Gleichzeitig zeigen Experimente (Auspurg 2021), bei denen Frauen dieselben Jobs angeboten werden wie Männern, dass Frauen eher Teilzeit- als Vollzeitstellen akzeptieren und diese Teilzeitjobs auch zu geringeren Löhnen annehmen würden als Männer.

Innerhalb der Partnerschaften findet oft eine Spezialisierung der Arbeitsverteilung statt: Frauen wenden mehr Zeit für (unbezahlte) Haus- und Betreuungsarbeit auf, Männer engagieren sich stärker in der (bezahlten) Erwerbsarbeit. Auf Basis von pairfam-Daten zeigen Dechant et al. (2014) beispielsweise, dass die Aufteilung der Hausarbeit geschlechtsspezifisch erfolgt und in heterosexuellen Partnerschaften Haushaltsroutinen (Kochen, Putzen etc.) vor allem im Zuständigkeitsbereich der Frauen liegen. Durch Veränderungen in der Partnerschaft, v. a. durch die Geburt eines Kindes verstärken sich diese Tendenzen. Bei kinderlosen Paaren gleicht sich der Hausarbeitsanteil der Partner hingegen im Laufe der Zeit an. Dechant et al. (2014: 147) folgern, „dass der Übergang zur Elternschaft mit einer geschlechtsspezifischen Spezialisierung auf verschiedene Arbeitsbereiche einhergeht, die auf Veränderungen in relativen Ressourcen beruht."

> **Beispiel 2.3**
>
> Jan und Ida hatten genau geplant, wie es nach der Geburt ihrer ersten Tochter weitergehen sollte: Zuerst sollte Ida für ein halbes Jahr im Job pausieren, anschließend wollte Jan für ein halbes Jahr zu Hause bleiben. Mit einem Jahr sollte ihre Tochter Marie dann von einer Tagesmutter in der Nachbarschaft betreut werden.
>
> Kurz nach der Geburt von Marie erhielt Ida aber immer wieder „wohlgemeinte" Tipps aus ihrem Umfeld: Das Baby sei doch noch viel zu klein, um nach einem halben Jahr schon von ihrer Mutter getrennt zu werden. Jan könne sich unmöglich um das Kind und den Haushalt kümmern und dafür seine Karriere aufs Spiel setzen. Schließlich verdiene er als Maschinenbauingenieur deutlich mehr als Ida, die als Schulsekretärin arbeitet. Dann kommt ein Anruf vom Jugendamt: Die Tagesmutter, die Jan und Ida für Marie ausgesucht hatten, kann in den nächsten Monaten doch keine neuen Kinder aufnehmen.
>
> Ida und Jan entscheiden, dass Ida erneut für mehrere Monate Elternzeit nimmt, bis sie einen Betreuungsplatz für Marie gefunden haben.

Fakt ist: Selbst wenn Frauen in Vollzeit erwerbstätig sind, leisten sie immer noch durchschnittlich ca. zwei Stunden unbezahlte Sorgearbeit mehr am Tag als ihre Partner (Bundesministerium für Familie, Senioren, Frauen und Jugend 2017). Väter geben zwar vermehrt an, dass sie mehr Zeit mit ihrer Familie verbringen möchten, Studien zeigen aber auch, dass Wunsch und gelebte Realität häufig nicht übereinstimmen (Gerlach et al. 2014). Die Erwerbsbedingungen von Vätern und insbesondere die Einkommensverteilung und die damit verbundene „Verhandlungsposition" innerhalb der Partnerschaft haben einen Einfluss darauf, wie (unbezahlte) Familienarbeit und (bezahlte) Erwerbstätigkeit aufgeteilt werden (siehe hierzu auch Boll und Beblo 2013; Gerlach et al. 2014). Und auch wenn der Anteil der erwerbstätigen Mütter kontinuierlich steigt, so sind es in vielen Fällen immer noch die Väter, die den Hauptanteil zum Familieneinkommen beitragen. Das liegt auch daran, dass die Teilzeitquoten bei Müttern in Deutschland sehr hoch sind: 2018 arbeiteten mit 55 % mehr als die Hälfte der Mütter in Paarfamilien mit Kindern zwischen sechs und 18 Jahren in Teilzeit (2008: 51 %) (Statistisches Bundesamt 2020a).

Das Einkommen, das Mütter aus dieser Teilzeiterwerbstätigkeit erwirtschaften, ist nicht immer existenzsichernd. Wenn also der Partner erwerbsunfähig wird, verstirbt oder das Paar sich trennt, können diese Mütter nicht eigenständig für ihren Unterhalt bzw. den ihrer Familie sorgen. Im Jahr 2018 hatten 26 % der Mütter mit Kindern unter 18 Jahren kein existenzsicherndes Einkommen, verdienten also weniger als 900 € netto pro Monat. Nur 3 % der Väter waren in der gleichen Situation (Bundesministerium für Familie, Senioren, Frauen und Jugend 2020a: 38). Ob – und wenn ja, in welchem Umfang – Mütter nach ihrer Ausbildung oder ihrem Studium erwerbstätig sind, hängt stark vom Alter ihres jüngsten Kindes ab: Im Jahr 2012 waren nur knapp 10 % der Mütter mit mindestens einem Kind unter einem Jahr erwerbstätig. Von Müttern mit Kindern von 15 bis 18 Jahren gingen knapp 80 % einer Erwerbstätigkeit nach (Bundesministerium für Familie, Senioren, Frauen und Jugend 2014: 22).

2.3 Zusammenfassung

Das Leben von Familien in Deutschland sieht heute also ganz anders aus als noch vor wenigen Jahrzehnten. Es werden weniger Kinder geboren, Eltern sind nicht mehr unbedingt verheiratet, manche Kinder wachsen mit gleichgeschlechtlichen Elternteilen auf. Aber auch das Familienleben hat sich deutlich verändert. Die Familienpolitik muss diese Veränderungen im Blick behalten, wenn sie möglichst viele Eltern und Kinder mit ihren Maßnahmen erreichen möchte.

Aufgaben zum Kap. 2:

1. *In den letzten Jahren ist in Deutschland eine Debatte rund um das sogenannte Wechselmodell (auch Doppelresidenzmodell) entstanden. Das Wechselmodell beschreibt die Tatsache, dass die Kinder nach der Trennung abwechselnd und zu ungefähr gleichen Teilen im Haushalt des Vaters und der Mutter leben (z. B. im wöchentlichen Wechsel). Recherchieren Sie im Internet nach Argumenten für und gegen die gesetzliche Festschreibung des Wechselmodells.*
2. *Erläutern Sie die demografischen Veränderungen in Deutschland. Gehen Sie dabei insbesondere auf die Veränderungen der Geburtenzahlen ein.*
3. *Stellen Sie die Herausforderungen dar, mit denen Familien heute konfrontiert sind. Welche grundlegenden Veränderungen gibt es seit den 1970er Jahren? Und warum ist aus Ihrer Sicht für Eltern die sinnhafte Konstruktion eines gemeinschaftlichen Beziehungsgefüges schwierig? Welche äußeren Rahmenbedingungen tragen dazu bei, dass Eltern diese Herstellungsleistung nur schwer erbringen können?*

3

Familien- und Vereinbarkeitspolitik in Deutschland

Zusammenfassung In diesem Kapitel lernen Sie die historische Entwicklung der Familien- und Vereinbarkeitspolitik in der Bundesrepublik Deutschland kennen. Darüber hinaus erfahren Sie, welche engen Verbindungen zwischen der Familien- bzw. Vereinbarkeitspolitik und anderen Politikfeldern bestehen, welche Akteur*innen familien- und vereinbarkeitspolitisch relevant sind, welche Motive sie verfolgen und welche Instrumente sie hierfür nutzen. Dadurch können Sie die Position der Familien- und Vereinbarkeitspolitik innerhalb des politischen Gefüges der Bundesrepublik Deutschland einordnen.

Ergänzende Information Die elektronische Version dieses Kapitels enthält Zusatzmaterial, auf das über folgenden Link zugegriffen werden kann https://doi.org/10.1007/978-3-658-37149-4_3.

© Der/die Autor(en), exklusiv lizenziert an Springer Fachmedien Wiesbaden GmbH, ein Teil von Springer Nature 2022
R. Ahrens, *Familien- und Vereinbarkeitspolitik in Deutschland*, Elemente der Politik,
https://doi.org/10.1007/978-3-658-37149-4_3

Der Artikel 6 Absatz 1 des Grundgesetzes der Bundesrepublik Deutschland stellt Familie und Ehe unter den Schutz des Staates. Weiter heißt es im Absatz 2 „Pflege und Erziehung der Kinder sind das natürliche Recht der Eltern und die zuvörderst ihnen obliegende Pflicht. Über ihre Betätigung wacht die staatliche Gemeinschaft". Da das Grundgesetz die Stellung von Familien allerdings nicht weiter ausdifferenziert, werden die rechtlichen Rahmenbedingungen über die familienpolitische Gesetzgebung und über familienpolitisch relevante Entscheidungen des Bundesverfassungsgerichts gestaltet. Insgesamt ist die Familienpolitik in Deutschland gekennzeichnet durch eine „späte[…] und vergleichsweise geringe[…] Institutionalisierung" (Blum und Schubert 2009: 74).

3.1 Entwicklung der Familien- und Vereinbarkeitspolitik

Die Familien- und Vereinbarkeitspolitik in Deutschland war bis in die 1990er-Jahre von politisch-religiösen Wertvorstellungen geprägt (Ahrens 2020). Um die Entwicklung des Politikfeldes zu verstehen, ist es sinnvoll, zunächst einen Blick in die Zeit vor der Gründung der Bundesrepublik zu werfen.

Während des Zweiten Weltkriegs wurden Familien für die Ziele der Nationalsozialisten instrumentalisiert. Das erklärte Ziel der damaligen „Familienpolitik" war es, die Geburtenanzahl der sogenannten „arischen" Kinder zu erhöhen und so das deutsche Volk zu stärken. Gerlach verweist darauf, dass Hitler bereits in seinem Buch „Mein Kampf" die „zentrale Funktion von Familie im Politik- und Gesellschaftsbild des Nationalsozialismus" (Gerlach 2010) beschrieb. Sie verdeutlicht, dass es unter Hitler zwar zu einer „extremen symbolischen Aufwertung von Familie" kam, dass dennoch aber nicht von einer Familienpolitik im eigentlichen Sinne gesprochen werden konnte. Schließlich waren alle Bemühungen der Nationalsozialisten, Familien zu stärken einerseits ausschließlich auf sogenannte „arische" Familien ausgerichtet. Andererseits wurden Familien lediglich aus bevölkerungs- und rassepolitischen Überlegungen adressiert. Hinter den nationalsozialistischen „Familiengesetzen" verbargen sich vor allem „rassenhygienische" Ziele. So umfasste beispielsweise das Gesetz zum Schutze der Erbgesundheit des deutschen Volkes u. a. die Einführung eines Ehetauglichkeitszeugnisses. Ehetauglich war demnach nur, wer nachgewiesenermaßen nicht von Erbkrankheiten oder „Geistesstörungen" betroffen war (Gerlach 1996: 94). Darüber hinaus griff die nationalsozialistische Gesetzgebung massiv in private Entscheidungsräume ein. Mit der Einführung des Ehegesetzes und des Ehescheidungsgesetzes von 1938 wurde eine Ehescheidung beispielsweise möglich, wenn einer der Partner sich der Fortpflanzung verweigerte. Die Unfruchtbarkeit eines Ehegatten wurde ebenso zum unmittelbaren Scheidungsgrund wie auch psychische oder physische Krankheiten, die womöglich eine Fortpflanzung gefährden könnten (siehe hierzu auch Klinksiek 1982: 80 ff.).

Nach dem Ende des Zweiten Weltkriegs setzten die Alliierten nationalsozialistische Gesetze außer Kraft. Dies betraf somit auch die Gesetze, die während des zweiten Weltkriegs das Ehe- und Familienleben regelten. Zunächst bedeutete das beispielsweise auch, dass kein Kindergeld mehr ausgezahlt wurde. Ab dem Zeitpunkt der Gründung der Bundesrepublik Deutschland (BRD) und der Deutschen demokratischen Republik (DDR) im Jahr 1949 entwickelten sich die Familien- und Vereinbarkeitspolitiken der beiden Länder sehr unterschiedlich: Während in der BRD Ehe und Familie als Institutionen gestärkt werden sollten, fokussierte die Familienpolitik der DDR auf die durchgängige Erwerbstätigkeit von Frauen und Müttern. Erst seit 1953, also vier Jahre nach der Gründung der Bundesrepublik, wurde die Familienpolitik in der BRD durch die Gründung eines Familienministeriums institutionalisiert. Bis dahin wurden Interessen von Familien als sozialpolitische Interessen verstanden und zum Beispiel im sozialpolitischen Ausschuss des Bundestages beraten. Die SPD und FDP waren damals gegen die Institutionalisierung der Familieninteressen, nicht zuletzt, da der damalige Bundeskanzler Konrad Adenauer mit Franz-Josef Wuermeling einen strengen Katholiken in das Amt des ersten Familienministers berief. Blum und Schubert (2009: 75) erinnern daran, dass es nicht nur von Seiten der damaligen Opposition, sondern auch aus der Wissenschaft damals Kritik an der „Bündelung eines so offensichtlich durch seinen Querschnittscharakter geprägten Politikfeldes" gab. Vertreter der SPD sprachen sich damals dafür aus, die Belange von Familien nicht in einem eigenen Ministerium zu bündeln, sondern familienbezogene Fragestellungen als Querschnittsthema in allen Politikbereichen zu thematisieren. Wuermeling hingegen verstand die bundesrepublikanische Familienpolitik auch als Gegenentwurf zur Familienpolitik der DDR und lehnte dementsprechend beispielsweise auch den Ausbau von Kindergärten ab. Ein von ihm überlieferter Spruch lautete „Eine Mutter daheim ersetzt vielfach Autos, Musiktruhen und Auslandsreisen". In Wuermelings Zeit als Bundesfamilienminister wurde allerdings das Kindergeld (zunächst nur ab dem dritten Kind) (wieder-)eingeführt. Zudem führte er den sogenannten Wuermeling-Pass ein, der kinderreichen Familien diverse Vergünstigungen ermöglichte. Andere Gesetze, die in den 1950er Jahren eingeführt wurden und bis heute das

(Ehe- und) Familienleben beeinflussen sind z. B. das Ehegattensplitting (§ 32a Einkommenssteuergesetz) von 1958 und das Gesetz zum Schutz der erwerbstätigen Mutter (1952).

Anders als Wuermeling sprach sich der zweite Familienminister der BRD – Bruno Heck (CDU) – bereits in den 1960er Jahren dafür aus, dass Familienpolitik auch die Erwerbstätigkeit von Müttern fördern sollte. Er plädierte für das sogenannte Phasenmodell, nach dem Mütter bis zur Geburt ihres ersten Kindes erwerbstätig sein sollten (Phase 1), nach der Geburt des Kindes ihre Erwerbsarbeit zugunsten der Familie pausieren (Phase 2) und einige Jahre später wieder in den Beruf einsteigen sollten (Phase 3) und beschrieb damals schon das Modell der *sukzessiven* Vereinbarkeit von Beruf und Familie. Seine beiden Nachfolgerinnen (Aenne Brauksiepe, CDU, 1968 bis 1969 und Käte Strobel, SPD, 1969 bis 1972) setzten sich später für Teilzeitarbeit, Ganztagsschulen und für ein neues Frauenbild ein.

Insgesamt werden die 1960er Jahre in der Literatur als ein Zeitraum beschrieben, in dem die Familienpolitik sich von einer „Überzeugungstat von Idealisten" hin zu einer „Sachpolitik" wandelte (Gerlach 2008: 186), was auch an dem sich bereits damals abzeichnenden demografischen Wandel und Fachkräftemangel lag – der dann aber (anders als in manchen anderen Ländern) letztlich nicht über die Aktivierung des weiblichen Erwerbspotenzials gelöst wurde, sondern über die Zuwanderung von Arbeitskräften.

Die Familien- und Vereinbarkeitspolitik in Deutschland unterliegt als sozialpolitisches Politikfeld bis heute den Gestaltungs- und Finanzierungsprinzipien der Sozialpolitik. Bis in die 1970er Jahre hinein waren familienpolitische Leistungen daher zumeist Leistungen aus den Sozialversicherungssystemen, die gegen die „industrielle[n]

Standardrisiken Alter, Arbeitsunfähigkeit, Krankheit und (später) Arbeitslosigkeit" (Blum und Schubert 2009: 76) absichern sollten. Erst später wurden in größerem Umfang eigenständige familienpolitische Leistungen eingeführt. Die Familienpolitik der 1970er Jahre war (unter der sozialliberalen Koalition von 1969 bis 1982) entsprechend geprägt von umfassenden vor allem rechtlichen Reformen und dem Wandel von einer Institutionen- zu einer Familienmitgliederpolitik (Gerlach 2010: 187). Durch die Reform des Familienrechts (1976) wurden Männer und Frauen rechtlich gleichgestellt und konnten sich fortan bei der Eheschließung entweder den Namen des Mannes oder den der Frau als Familiennamen wählen. Im Jahr 1977 wurde das Scheidungsrecht reformiert. Bis dahin galt das sogenannte Schuldprinzip, d. h. Ehepaare konnten sich nur scheiden lassen, wenn einer der Partner die Schuld für das Scheitern der Ehe übernahm bzw. ihm oder ihr diese Schuld vom Gericht zugesprochen wurde. Mit der Reform wurde das Zerrüttungsprinzip eingeführt. Bis zur Reform des Familienrechts in den 1970er Jahren musste zudem der Ehemann zustimmen, wenn die Ehefrau einer Erwerbstätigkeit nachgehen oder ein Konto eröffnen wollte. Erwerbstätig sein durfte sie nur, wenn dies ihren Pflichten in Haushalt und Kindererziehung nicht widersprach. Die (bis 1977 gültige) Formulierung im Bürgerlichen Gesetzbuch (BGB) hierzu lautete wie folgt: „Die Frau führt den Haushalt in eigener Verantwortung. Sie ist berechtigt, erwerbstätig zu sein, soweit dies mit ihren Pflichten in Ehe und Familie vereinbar ist" (BGB 1958, § 1356).

Im Jahr 1979 wurde zudem ein sechsmonatiger Mutterschaftsurlaub für abhängig beschäftigte Frauen eingeführt (Bundesgesetzblatt 1979 Nr. 32). Da neben den rechtlichen Reformen jedoch hinsichtlich der weiteren familienpolitischen Instrumente keine umfangreichen

Veränderungen in diesem Zeitraum eingeläutet wurden, schlussfolgert Gerlach (2010), dass nicht von paradigmatischen Veränderungen der Familienpolitik unter der sozialliberalen Koalition gesprochen werden kann.

Unter der Regie von Heiner Geißler (CDU) wurde schließlich in den 1980er Jahren der Mutterschaftsurlaub reformiert. Im Jahr 1986 trat zudem das Bundeserziehungsgeldgesetz in Kraft. Anders als der Mutterschaftsurlaub adressierte der darin verankerte Erziehungsurlaub nicht nur erwerbstätige Frauen, sondern beide Elternteile (unabhängig von ihrem Erwerbsstatus): Es ermöglichte berufstätigen Müttern *und* Vätern, nach der Geburt eines Kindes zunächst zehn Monate von der Arbeit zu pausieren. Ab 1992 erhöhte sich dieser Anspruch auf bis zu drei Jahre. Darüber hinaus wurde das sogenannte Erziehungsgeld eingeführt. Es sollte als finanzielle Anerkennung der von Eltern geleisteten Erziehungsarbeit verstanden werden und folgte damit einer anderen Logik als der Mutterschaftsurlaub, der zuvor von konservativen Parteien und diversen gesellschaftlichen Gruppen als reines arbeitsmarktpolitisches Instrument kritisiert worden war (Blum 2017: 318). Das Erziehungsgeld betrug 600 DM und wurde einkommensabhängig ausgezahlt. Die Einkommensgrenze hierfür lag bei einem Haushaltsnettoeinkommen von umgerechnet 30.000 € pro Jahr. Man kann also sagen, dass nur Geringverdienende davon profitierten. Aufgrund von struktureller Arbeitslosigkeit in den 1980er Jahren hatte die Familienpolitik unter der christlich-liberalen Koalition so auch die Aufgabe, den Arbeitsmarkt zu entlasten. Erziehungsgeld und Erziehungsurlaub sollten die „Wahlfreiheit" für Eltern stärken: Eltern sollten wählen können, ob sie nach der Geburt eines Kindes (zeitweise) aus dem Job aussteigen – und wenn ja, wer von ihnen sich eine berufliche Auszeit nimmt. Die finanzielle Ausgestaltung (600 DM) führte allerdings dazu, dass in der großen Mehrheit die Mütter (und nicht die ebenfalls anspruchsberechtigten Väter) Erziehungsurlaub und Erziehungsgeld in Anspruch nahmen (Blum 2017: 320 f.). Blum (2017: 321) spricht hier von einem „evolutiv-pfadabhängiger Wandel", da entsprechend der Parteiendifferenzhypothese damit zu rechnen war, dass die CDU/CSU-geführte Koalition eine Reform mit längeren Freistellungszeiten und einem Einbezug nicht-erwerbstätiger Eltern anstreben würde.

Nichtsdestotrotz forderten die christdemokratischen Nachfolgerinnen von Bundesfamilienminister Geißler – Rita Süssmuth (CDU) und Ursula Lehr (CDU) – bereits Ende der 1980er Jahre eine Verbesserung bei der Vereinbarkeit von Beruf und Familie. Lehr argumentierte beispielsweise, die Einführung von sogenannten Krabbelgruppen für unter dreijährige Kinder sei nötig, da Kinder andere Kinder zum Aufwachsen bräuchten. In den 1990er Jahren wurde zudem auch der Art. 3 Abs. 2 GG neuformuliert. Männer und Frauen sind seither nicht nur gleichberechtigt, der Staat ist darüber hinaus auch verpflichtet „die tatsächliche Durchsetzung der Gleichberechtigung von Frauen und Männern [zu fördern] und [...] auf die Beseitigung bestehender Nachteile hin[zuwirken]." Ebenso wurde in diesem Zeitraum ein bundesweiter Rechtsanspruch auf einen Kindergartenplatz für Kinder ab dem dritten Geburtstag geschaffen. In die 1990er Jahre fielen auch weitere Maßnahmen zur Stärkung der Rolle von Frauen. Seit 1997 ist beispielsweise die Vergewaltigung in der Ehe strafbar. Und die Reform des Kindschaftsrechts von 1998 hatte die Einführung eines gemeinsamen Sorgerechts für verheiratete, geschiedene und unverheiratete Eltern zur Folge.

Die Familienpolitik der rot-grünen Regierung war in der ersten Legislaturperiode (1998–2002) zunächst v. a. von Kontinuität zur Vorgängerregierung geprägt.

In diese Jahre fallen allerdings auch Entscheidungen des Bundesverfassungsgerichts (u. a. zur Berücksichtigung von Kindererziehungszeiten in der Gesetzlichen Rentenversicherung), die von der Regierung umgesetzt werden mussten. Christine Bergmann (SPD) und Renate Schmidt (SPD) bereiteten als Bundesfamilienministerinnen um die Jahrtausendwende den Weg für mehr Vereinbarkeit von Beruf und Familie und setzten sich z. B. für den Ausbau der Kindertagesbetreuung ein. Im Jahr 2001 wurden dafür das Erziehungsgeld und der Erziehungsurlaub reformiert – die Erziehungszeit wurde eingeführt. Vom Prinzip her war die neue Freistellungsregelung ähnlich ausgestaltet wie zuvor. Sie ermöglichte aber (zusätzlich) eine verkürzte Bezugszeit: Statt wie zuvor 24 Monate Erziehungsurlaub à 307 € pro Monat konnten Eltern sich nun im Rahmen der sogenannten „Budgetvariante" der Erziehungszeit auch dafür entscheiden, für 12 Monate ihre Erwerbsarbeit zu pausieren. Sie erhielten in dieser Zeit 450 € pro Monat – und damit zwar zunächst mehr, in der Summe aber letztlich weniger Erziehungsgeld als diejenigen, die für zwei Jahre pausierten. Darüber hinaus durfen Eltern – parallel zum Bezug des Erziehungsgeldes – bis zu 30 Stunden pro Woche erwerbstätig sein. Die Elternzeit konnte darüber hinaus von beiden Eltern parallel in Anspruch genommen werden. Blum (2017: 322 f.) macht deutlich, dass zum damaligen Zeitpunkt eine weitreichendere Reform aufgrund der damaligen angespannten Arbeitsmarktlage (hohe Arbeitslosigkeit und bevorstehende Strukturreformen) nicht durchsetzbar waren – nicht nur politisch sondern auch gegenüber den Arbeitgeberverbänden, die zu dem Zeitpunkt „offensichtlich (noch) kein gesteigertes Interesse an einem möglichst schnellen Wiedereinstieg von Müttern nach der Babypause" zeigten (Blum 2017: 323).

Etwas später führten u. a. die Ergebnisse der PISA-Studie und anderer internationaler Vergleiche und entsprechender Studien dazu, dass die Betreuung von Kindern zunehmend auch unter bildungspolitischen Aspekten diskutiert wurde. Demografische Entwicklungen und der sich abzeichnende Arbeitskräftemangel führten schließlich dazu, dass der Vereinbarkeit von Beruf und Familie eine erhöhte Aufmerksamkeit zukam und weitreichende Reformen – bis hin zum *paradigm shift* – in diesem Bereich möglich wurden. Dazu beigetragen hat sicherlich auch die Formulierung der sogenannten Barcelona-Ziele, mit denen die EU-Mitgliedstaaten im Jahr 2002 festlegten, dass bis 2010 für mindestens 33 % der unter dreijährigen Kinder ein Betreuungsplatz zur Verfügung stehen soll. Dieses Ziel ging dann auch – in abgespeckter Form – in den Koalitionsvertrag der rot-grünen Bundesregierung ein (zu den näheren Hintergründen siehe Blum (2017)). Das Tagesbetreuungsausbaugesetz (TAG) trat 2005 in Kraft und markierte den ersten Schritt in einen massiven (zunächst quantitativen) Ausbau der öffentlich geförderten Kinderbetreuungsinfrastruktur. Blum (2017: 324) bezeichnet die Elternzeit und das TAG als Ausdrücke eines „Policy-Experimentierens' […]: Sie weisen bereits veränderte Logiken und Ideen im Vergleich zur traditionellen Policy auf, setzen allerdings noch keinen paradigmatischen Wandel um." Der Terminologie des lerntheoretischen Ansatzes in der Policy-Forschung von Peter Hall folgend, können das TAG und die Einführung der Elternzeit als *second-oder change* bezeichnet werden, da sie zwar Veränderungen indizierten, das ursprünglich System aber in weiten Teilen beibehalten wurde.

Das 2007 unter Ursula von der Leyen (CDU) eingeführte Elterngeld wird hingegen in der Literatur als *paradigm shift* (Bujard 2014a) oder – entsprechend der Terminologie von Peter Hall – als *third-order change* (Blum 2012) bezeichnet. Die Einführung war von ihrer Vorgängerin, Renate Schmidt (SPD) nach skandinavischem Vorbild vorbereitet und von Arbeitgeber- und Arbeitnehmerverbänden unterstützt worden. Überraschenderweise wurde die Maßnahme nach der Niederlage der rot-grünen Regierung bei der Bundestagswahl 2005 anschließend unter der christdemokratischen Familienministerin von der Leyen eingeführt. Überraschend war dies u. a., da die CDU/CSU das Elterngeld noch im Wahlkampf abgelehnt hatte. Von der Leyen setzte sich allerdings – gegen großen parteiinternen Widerstand – durch. Das steuerfinanzierte Elterngeld federt den Einkommensausfall von Eltern ab, die sich für ihre Kinder eine Auszeit vom Job nehmen. Mit bis zu 67 % des letzten Nettoeinkommens ist die staatliche Leistung deutlich umfangreicher ausgestaltet als das bisherige Erziehungsgeld. Die Reform umfasste darüber hinaus die Einführung der sogenannten Partnermonate. Ein Elternpaar erhält demnach das Elterngeld nur in vollem Umfang, wenn beide Partner mindestens zwei Monate lang ihre Erwerbstätigkeit reduzieren oder ganz zu Hause bleiben. Das Elterngeld wurde unter Manuela Schwesig (SPD) und später auch unter Franziska Giffey (SPD) reformiert, mit der Idee, Teilzeitarbeit während des Elterngeldbezugs noch attraktiver zu machen (sog. ElterngeldPlus). Das Elterngeld setzt einen klaren Anreiz für einen schnelleren Wiedereinstieg in den Beruf und für eine Beteiligung der Väter.[1]

Neben der Einführung des Elterngeldes stellte auch das Kinderförderungsgesetz von 2008 einen „transformativradikalen Wandel" (Blum 2017: 329) dar: Schließlich schrieb es einen Rechtsanspruch auf einen Platz in

---

[1] Zur Bewertung der Elterngeld-Einführung aus der Perspektive der Policy-Forschung, siehe auch Blum (2012, 2017).

öffentlich geförderter Betreuung für Kinder ab dem ersten Geburtstag fest und setzte die Kommunen damit unter Druck, die schon 2002 im Rahmen der Barcelona-Ziele festgelegte Quote zu erfüllen. Der Rechtsanspruch trat im Jahr 2013 in Kraft. Er ist in § 24 SGB VIII verankert und umfasst auch einen Anspruch auf Betreuung für Kinder unter einem Jahr, sofern „1. diese Leistung für seine Entwicklung zu einer selbstbestimmten, eigenverantwortlichen und gemeinschaftsfähigen Persönlichkeit geboten ist oder 2. die Erziehungsberechtigten a) einer Erwerbstätigkeit nachgehen, eine Erwerbstätigkeit aufnehmen oder Arbeit suchend sind, b) sich in einer beruflichen Bildungsmaßnahme, in der Schulausbildung oder Hochschulausbildung befinden oder c) Leistungen zur Eingliederung in Arbeit im Sinne des Zweiten Buches erhalten."

Der Policy-Wandel wurde allerdings später durch die Einführung des Betreuungsgeldes „unterbrochen": Während der Koalitionsverhandlungen zwischen SPD und CDU/CSU hatte die CSU dem von Ursula von der Leyen vorgestellten Betreuungsausbau nur zugestimmt, wenn parallel auch eine „Alternativleistung" – das Betreuungsgeld – umgesetzt wird. Das Betreuungsgeld wurde 2013 – nach langem Ringen zwischen und innerhalb der Regierungsfraktionen (Blum 2017: 331 ff.) eingeführt und an Eltern ausgezahlt, die ihre ein- bis zweijährigen Kinder nicht in einer öffentlichen Einrichtung bzw. Tagespflege betreuen lassen. Nachdem der Hamburger Senat eine Normenkontrollklage beim Bundesverfassungsgericht eingereicht hatte, urteilte dies im Jahr 2015, dass die Kompetenz für die Einführung eines Betreuungsgeldes nicht beim Bund lag – und es somit (als Bundesleistung) abgeschafft werden muss. Einzelne Bundesländer – z. B. Bayern – zahlen seither ein Betreuungsgeld (als Landesleistung) aus.

In die Amtszeit von Manuela Schwesig (SPD) fiel neben der Einführung des ElterngeldPlus zudem die Einführung der Familienpflegezeigt, die es Beschäftigten ermöglicht, sich für die Pflege eines Angehörigen bis zu zwei Jahre teilweise von ihrer Arbeit freistellen zu lassen, ohne ihren Job zu verlieren. In der kurzen Amtszeit von Katharina Barley (SPD) wurde 2017 die „Ehe für alle" eingeführt. Franziska Giffey (SPD) setzte sich als Bundesfamilienministerin vor allem für Familien ein, die von Armut bedroht sind. Unter ihrer Leitung wurde u. a. das „Starke-Familien-Gesetz" sowie das „Gute KiTa-Gesetz" auf den Weg gebracht. Zudem setzte sie sich für die Bekämpfung von Gewalt gegen Frauen ein. Nach Giffeys Rücktritt übernahm Christine Lambrecht (SPD) übergangsweise das Ministerium. Sie konzentrierte sich vor allem auf die Umsetzung des Aktionsprogramms „Aufholen nach Corona für Kinder und Jugendliche". In ihrem Koalitionsvertrag hat die Ampelkoalition aus SPD, Bündnis 90/Die Grünen und FDP sich für die Einführung einer Kindergrundsicherung ausgesprochen. Zudem soll sich das Ressort um Bundesfamilienministerin Anne Spiegel (Bündnis 90/Die Grünen) für die Entgeltgleichheit von Frauen und Männern einsetzen. Darüber hinaus werden im Koalitionsvertrag u. a. die Verankerung der Kinderrechte im Grundgesetz, die Einführung einer zweiwöchigen vergüteten Freistellung für den Partner/die Partnerin (sog. Vaterschutz) sowie weitreichende Änderungen im Familienrecht angekündigt.

3.2 Familien- und Vereinbarkeitspolitik als Querschnittspolitik

Wie bereits angeklungen, ist die Familien- und Vereinbarkeitspolitik ein Politikfeld, das von Entscheidungen und Maßnahmen aus anderen Politikfeldern beeinflusst wird und diese anderen Politikfelder auch ihrerseits beeinflusst. Das wechselseitige Verhältnis zwischen den einzelnen Politikbereichen schlägt sich auch darin nieder, dass in Deutschland unterschiedliche föderale Ebenen (Bund, Länder und Kommunen) unterschiedliche familienpolitische Aufgaben wahrnehmen. Für Bürgerinnen und Bürger ist es daher häufig unverständlich, welche föderale Ebene bzw. welche Behörde für welche Aufgabe zuständig ist. Zwar gibt es immer wieder politische Bestrebungen, „die familienrelevanten Politikbereiche stärker zu vernetzen, allerdings führt dies zu noch stärkeren Abhängigkeiten der Politikbereiche und föderalen Ebenen untereinander" (Ahrens 2012). Gauthier (1999) definiert Familienpolitik dementsprechend auch als „amalgam of policies directed at families with children and aimed at increasing their level of well-being".

Gleichzeitig ist die Familien- und Vereinbarkeitspolitik ein Politikfeld, in dem über Jahrzehnte vor allem ideologisch und parteipolitisch argumentiert wurde. Auch die Kirchen hatten lange Zeit einen sehr großen Einfluss darauf, wie Familie – und entsprechend auch Familienpolitik – „zu sein" hatte. Evidenzbasierte Daten und wissenschaftlich fundierte Argumentationen spielten hingegen keine Rolle. Das hat sich zwar in den letzten Jahren grundlegend geändert. Allerdings ist über die Jahrzehnte hinweg ein unübersichtliches Potpourri an Maßnahmen und Leistungen entstanden, von denen sich einige in ihrer Zielsetzung widersprechen. Die kostenlose

Mitversicherung von nicht oder nur in geringfügigem Umfang erwerbstätigen Familienangehörigen fördert beispielsweise potenziell eine Spezifizierung der Partner (eine/r geht arbeiten, eine/r kümmert sich um die Kinder), wohingegen das Elterngeld eine geschlechtergerechtere Aufteilung von Sorge- und Erwerbsarbeit zum Ziel hat.

Alle bisherigen Versuche, die Familien- und Vereinbarkeitspolitik kohärent – also auf ein übergeordnetes Ziel hin – auszurichten, sind u. a. am hohen Grad der Politikverflechtung der politischen Akteure und föderalen Ebenen gescheitert. Dieser *strukturelle* Querschnittscharakter der Familienpolitik zeigt sich beispielsweise darin, dass das Bundesfamilienministerium neben seiner fehlenden Zuständigkeit für viele Leistungen, die Familien betreffen (z. B. Kinderkrankentage) keine Gesetzgebungskompetenz hat und zudem (im Vergleich mit den anderen Bundesministerien) über ein extrem knappes Budget verfügt. Erschwert werden weitreichende Reformen und eine kohärente Ausrichtung der Familienpolitik allerdings auch dadurch, dass Familien – wie in Abschn. 2.2 gesehen – zunehmend heterogen sind. Es gibt also in der Tat nicht die *eine* Familienpolitik, die allen Familien gleichermaßen zu Gute käme.

Familien- und Vereinbarkeitspolitik ist allerdings auch aus *inhaltlicher* Sicht Querschnittspolitik: Entscheidungen aus zahlreichen anderen Politikbereichen beeinflussen die Familienpolitik – und umgekehrt.[2] Familie ist darüber

---

[2] Diesem Querschnittscharakter trägt z. B. auch die Besetzung des Wissenschaftlichen Beirates für Familienfragen beim Bundesfamilienministerium Rechnung: Politikwissenschaftler*innen, Ökonom*innen, Soziolog*innen, Mediziner*innen, Rechtswissenschaftler*innen, Erziehungswissenschaftler*innen und Psycholog*innen erarbeiten in diesem Gremium Gutachten und Stellungnahmen (siehe https://www.bmfsfj.de/bmfsfj/ministerium/behoerden-beauftragte-beiraete-gremien/beirat-familienfragen/wissenschaftlicher-beirat-fuer-familienfragen-74184).

hinaus auch in der gelebten Realität ein Querschnittsthema: Die Familienform, in der wir leb(t)en, beeinflusst unsere Erfahrungen und Entscheidungen, unser Verhalten und unseren Blick auf die Welt. Gleichzeitig beeinflussen familienexterne Entscheidungen und Ereignisse (z. B. von Erzieher*innen, Lehrer*innen, Freund*innen, Arbeitgebenden) das Familienleben.

3.3 Akteure der Familien- und Vereinbarkeitspolitik

Bisher war schon am Rande von mehreren Akteur*innen die Rede, die die Familien- und Vereinbareitspolitik in Deutschland prägen. Lassen Sie uns nun gemeinsam schauen, welche Akteure dies genau sind, wie sie sich hinsichtlich ihres Einflusses unterscheiden und welche Instrumente ihnen zur Verfügung stehen.

Wie die Abb. 3.1 zeigt, gibt es sowohl staatliche als auch nicht-staatliche Akteure, die einen Einfluss auf die Ausgestaltung der Familien- und Vereinbarkeitspolitik haben. Zu den staatlichen Akteuren zählen neben Bund,

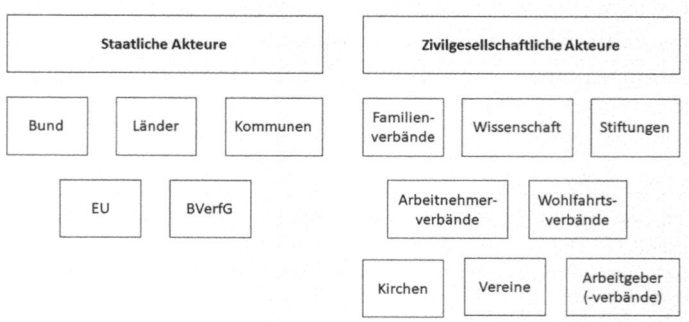

Abb. 3.1 Akteure der Familien- und Vereinbarkeitspolitik. (Quelle: Ahrens (2019: 294))

Bundesländern und Kommunen auch supranationale Akteure wie die Europäische Union (EU) mit ihren Institutionen Europäischer Rat, Europaparlament und Europäische Kommission. Darüber hinaus hat auch das Bundesverfassungsgericht mit seinen Entscheidungen die Familienpolitik in Deutschland maßgeblich geprägt. Auf der Seite der nicht-staatlichen Akteure sind traditionell die Kirchen und die (konfessionellen und nicht-konfessionellen) Familien- und Wohlfahrtsverbände zu nennen. Aber auch Vereine (z. B. Elterninitiativen), Stiftungen, Arbeitgeber- und Arbeitnehmerverbände sowie die Wissenschaft gehören zu den zivilgesellschaftlichen Akteuren im Bereich der Familien- und Vereinbarkeitspolitik.[3]

Ein Beispiel für die Zusammenarbeit von staatlichen und nicht-staatlichen Akteuren sind die 2003 auf Initiative der Bertelsmann Stiftung und dem Bundesministerium für Familie, Senioren, Frauen und Jugend (BMFSFJ) geschaffene Allianz für die Familie und die vom BMFSFJ ins Leben gerufenen und vom Europäischen Sozialfonds kofinanzierten Lokalen Bündnisse für Familie. Gemeinsam mit den Spitzenverbänden der Deutschen Wirtschaft (BDA, DIHK, ZDH) und dem Deutschen Gewerkschaftsbund gründete das Bundesfamilienministerium außerdem das Unternehmensnetz „Erfolgsfaktor Familie". Ziel dieses Netzwerks ist es, Unternehmen für die Vereinbarkeit von Beruf und Familie zu sensibilisieren und ihnen eine Plattform für den Austausch guter Ideen zu bieten.

---

[3] Die Aufzählung ist nicht abschließend. Auch Parteien werden von manchen Autorinnen und Autoren als familienpolitische Akteure definiert, deren familienpolitische Vorstellungen sich jahrzehntelang deutlich voneinander unterschieden. Zu den parteipolitischen Standpunkten und Forderungen der Bundestagsparteien im Zeitverlauf siehe Gerlach (2010, 156 ff.).

3.3.1 Internationale Akteure

Familienpolitik ist nach wie vor stärker nationalstaatlich als nationenübergreifend geprägt. Dennoch haben europäische und internationale Akteure wie die EU, die OECD oder die UN Einfluss auf die Ausgestaltung der nationalen Familien- und Vereinbarkeitspolitiken. Als intergouvernementale Organisation verfügt die Organisation für wirtschaftliche Zusammenarbeit und Entwicklung (OECD) zwar weder über eigene politische Institutionen, noch über formale familienpolitische Kompetenzen. Jenson (2020) zeigt allerdings auf, dass die OECD dennoch Einfluss auf die nationalen Familienpolitiken ihrer Mitgliedsländer nimmt und dabei vor allem drei Ziele verfolgt: demografische Stabilisierung, Sicherung des Einkommens von Familien und die Partizipation von Eltern am Arbeitsmarkt.

Auch wenn die Europäische Union keinerlei formale Kompetenz im Bereich der Familienpolitik besitzt, so nimmt sie dennoch über unterschiedliche Mittel (und insbesondere im Rahmen vereinbarkeitspolitischer Aspekte) Einfluss auf die Familienpolitik der Mitgliedsstaaten. Die formale Möglichkeit hierfür bietet das im EU-Vertrag (Artikel 5, Abs. 2) verankerte Subsidiaritätsprinzip, nach dem „die Union in den Bereichen, die nicht in ihre ausschließliche Zuständigkeit fallen, nur tätig [wird], sofern und soweit die Ziele der in Betracht gezogenen Maßnahmen von den Mitgliedstaaten weder auf zentraler noch auf regionaler oder lokaler Ebene ausreichend verwirklicht werden können, sondern vielmehr wegen ihres Umfangs oder ihrer Wirkungen auf Unionsebene besser zu verwirklichen sind." Ihren Einfluss auf die nationalen Familien- und Vereinbarkeitspolitiken hat die EU im Laufe der Jahre immer mehr ausgeweitet

(Ahrens 2008: 74–76). Die Richtlinie 92/85/EWG, zuletzt geändert durch Artikel 2 der Richtlinie 2014/27/EU zum Mutterschaftsurlaub, legt zum Beispiel fest, dass EU-Mitgliedstaaten (werdenden) Müttern mindestens 14 Wochen Mutterschaftsurlaub am Stück gewähren müssen. Eine weitere familien- und vereinbarkeitspolitisch relevante Richtlinie der EU ist beispielsweise die Richtlinie 2010/18/EU. Sie regelt, dass die Mitgliedsländer jedem Elternteil (über den Mutterschutz hinaus) mindestens vier Monate Elternzeit (sog. parental leave) zugestehen müssen. Sie wurde durch die im Jahr 2019 veröffentlichte Richtlinie (2019/1158/EU) abgelöst, die noch weitreichendere Maßnahmen im Bereich der Vereinbarkeit von Beruf und Familie für Eltern und pflegende Angehörige vorsieht. Der Anspruch von 2010 auf mindestens vier Monate Elternzeit pro Elternteil bleibt zum Beispiel bestehen. Die neue Richtlinie beinhaltet aber darüber hinaus u. a. einen bezahlten Vaterschaftsurlaub von zehn Tagen rund um die Geburt eines Kindes. Sie muss bis 2022 in nationales Recht umgesetzt werden.[4] Diese und ähnliche Richtlinien sind als Mindeststandards zu verstehen, die um europäische Gesetzgebungen und Rechtsprechung ergänzt werden. Zu nennen ist hier zum Beispiel die Verordnung 1408/71/EWG zur Anwendung der Systeme der sozialen Sicherheit auf Arbeitnehmer und deren Familien, die innerhalb der Gemeinschaft zu- und abwandern. Denn sie beeinflusst zum Beispiel die Voraussetzungen für den Bezug von Elterngeld in Deutschland. Eltern, die in Deutschland wohnen und im Ausland arbeiten, deren Gehalt also nicht in Deutschland versteuert wird, haben

---

[4] Die Ampelkoalition greift dies in ihrem Koalitionsvertrag mit der angekündigten „zweiwöchigen vergüteten Freistellung für die Partnerin oder den Partner nach der Geburt eines Kindes" auf.

dadurch die Möglichkeit, das Elterngeld ergänzend zu anderen familienpolitischen Leistungen aus dem Land, in dem sie arbeiten, zu beziehen.

Ergänzend zu Richtlinien und Verordnungen wendet die EU im Bereich der Familien- und Vereinbarkeitspolitik auch so genannte soft law-Methoden, wie z. B. Empfehlungen der Europäischen Kommission oder die offene Methode der Koordinierung (OMK) an.

> **Definition 3.1**
> Die offene Methode der Koordinierung wurde im Rahmen der Lissabon-Strategie initiiert. Sie bietet eine Möglichkeit für die Mitliedstaaten, ihre nationalen politischen Maßnahmen auf gemeinsam formulierte Ziele auszurichten. Dabei bewerten sich die Mitgliedstaaten im Hinblick auf unterschiedliche Aspekte gegenseitig. Die Europäische Kommission begleitet diese Vorgehensweise, indem sie die Zielerreichung koordiniert und überwacht (Eurostat o. J.).

3.3.2 Staatliche Akteure

Auf nationaler Ebene sind neben dem Bund auch die 16 Bundesländer und die Kommunen als familien- und vereinbarkeitspolitische Akteure zu nennen. Auch wenn familienpolitische Belange auf Bundesebene im Bundesfamilienministerium gebündelt werden, so sind (entsprechend des Querschnittscharakters der Familienpolitik) auch mehrere andere Ministerien in familien- und vereinbarkeitspolitische Fragestellungen involviert. Dazu gehören zum Beispiel das Bundesministerium für Arbeit und Soziales, das Bundesministerium für Finanzen, das Bundesministerium für Gesundheit, das Bundesministerium für Bildung und Forschung sowie das Bundesinnenministerium. Schaut man sich die familienpolitischen Leistungen an, so fällt auf, dass das Bundesfamilienministerium sogar nur einen Bruchteil zu deren Finanzierung beiträgt (Bujard 2014b).

> **Beispiel 3.1**
> Der Querschnittscharakter der Familien- und Vereinbarkeitspolitik in Deutschland wurde in der Corona-Pandemie u. a. dadurch deutlich, dass Bundesfamilienministerin Franziska Giffey sich im April 2021 nach eigenen Angaben dafür einsetzte, dass das Bundesgesundheitsministerium die Anzahl der Kinderkrankentage (erneut) erhöht. Dies fiel nämlich nicht in ihren Zuständigkeitsbereich.

Die staatlichen Akteure sind beispielsweise dafür verantwortlich, dass staatlich subventionierte Kinderbetreuungsplätze zur Verfügung gestellt werden. Außerdem fallen in ihren Zuständigkeitsbereich familienpolitische Leistungen wie das Kindergeld, der Kinderzuschlag und das Elterngeld. Der Bund ist laut Artikel 72 des Grundgesetzes dafür verantwortlich, gleichwertige Lebensverhältnisse in allen Regionen Deutschlands herzustellen. Für den Vollzug der Bundesgesetze sind allerdings die Bundesländer zuständig. Natürlich können sie auch eigene Gesetze erlassen. In der Bildungspolitik – einem Politikbereich, der große Schnittmengen zur Familienpolitik aufweist – liegt die ausschließliche Gesetzgebungskompetenz bei den Bundesländern. Die Bundesländer können außerdem auch Gesetze erlassen, die Bundesgesetze ergänzen. Einzelne Bundesländer haben so zum Beispiel – ergänzend zum Bundeselterngeld – ein Landeserziehungsgeld eingeführt. Die Kompetenzverteilung zwischen Bund und Bundesländern ist im Grundgesetz (u. a. Art. 30 und Art. 83) geregelt. Für die konkrete Ausgestaltung der kommunalen Selbstverwaltung sind seit der Föderalismusreform von 2006 ausschließlich die

Bundesländer zuständig. Aber der Bund kann z. B. über Modellprojekte indirekten Einfluss auf die Familienpolitik in den Kommunen nehmen.

Bundesländer und Kommunen spielen darüber hinaus eine große Rolle im Bereich der Kinderbetreuungsinfrastruktur. In einigen Bundesländern ist beispielsweise das letzte Kindergartenjahr beitragsfrei. Eltern von Vorschulkindern sollen damit finanziell entlastet werden. Die Maßnahme kann außerdem als Anreiz für (einkommensschwache) Familien verstanden werden, ihre Kinder mindestens ein Jahr vor der Einschulung im Kindergarten betreuen zu lassen. Außerdem können Länder und Kommunen über Projekte eigene Schwerpunkte setzten. Nordrhein-Westfalen unterstützt beispielsweise die Vernetzung von staatlichen und nicht-staatlichen Akteuren, indem es die Weiterentwicklung von Kindertageseinrichtungen zu sogenannten Familienzentren finanziert.

Entsprechend des Subsidiaritätsprinzips, nach dem eine staatliche Aufgabe immer auf einer möglichst niedrigen föderalen Ebene – und damit möglichst nah an den Menschen, die sie betrifft – ausgestaltet werden soll, sind viele familienpolitische Aufgaben auf kommunaler Ebene verankert. Kommunale Familienpolitik zielt darauf ab, die Situation von Familien vor Ort – also in den Kommunen – zu verbessern. (Gerlach 2008: 146) weist allerdings darauf hin, dass die „Realität kommunalen Handelns allerdings dadurch starke Beschränkungen [erfährt, als] dass den Kommunen im Entscheidungsprozess über die Strukturen des deutschen Finanzausgleichs keine Mitwirkungsmöglichkeiten gegeben sind und sie sich gegen die Überfrachtung von Aufgaben durch Bund und Länder nahezu nicht wehren [kann]."

In der Tat machen die föderale Struktur und das Subsidiaritätsprinzip es zuweilen schwierig, eine kohärente Familien- und Vereinbarkeitspolitik zu etablieren – auch weil der Koordinierungsbedarf zwischen den einzelnen föderalen Ebenen sehr hoch ist. Hinzu kommt, dass neben den Bundes- und Landesfamilienministerien immer auch andere Ministerien mit ihren Entscheidungen das Leben von Familien direkt beeinflussen bzw. zum Teil auch die formale Zuständigkeit für familienpolitische Leistungen haben. Die Verflechtungen, die durch dieses Mehrebenensystem entstehen, können dazu führen, dass politische Entscheidungswege lang und im Ergebnis inkohärent sind. Blome spricht beispielsweise für die öffentliche Kinderbetreuung in Deutschland in Anlehnung an Scharpf (1985) von einem „sehr hohe[n] Maß an Politikverflechtung" (Blome 2017: 211) und bezieht sich damit auf die Unübersichtlichkeit bei der Finanzierungs- und Gestaltungskompetenz.

Beispiel 3.2

Ein Beispiel für das hohe Maß an föderaler Verflechtung ist die Kinderbetreuung: Mit dem Tagesbetreuungsausbaugesetz (TAG) von 2005 und dem Kinderförderungsgesetz (KiFöG) von 2008 sowie mit diversen Investitionsprogrammen und Sondervermögen hat der Bund den Ausbau der Kinderbetreuungsinfrastruktur vorangetrieben. Durch das KiFöG erhielten Familien darüber hinaus einen Rechtsanspruch für einen Betreuungsplatz für Kinder ab dem ersten Geburtstag (bzw. in Fällen, in denen beide Eltern erwerbstätig oder in Ausbildung sind auch schon früher). Zwischen 2008 und 2013 investierte der Bund somit ca. 4 Mrd. € in den Ausbau der Betreuungsinfrastruktur. Allerdings liegt die Finanzträgerschaft für die Kinderbetreuung grundsätzlich nicht beim Bund, sondern bei Ländern und Kommunen. Die Länder regeln darüber hinaus die konkrete Ausgestaltung der Betreuung, wie beispielsweise den Betreuungsschlüssel. Träger der öffentlichen Kinderbetreuungseinrichtungen sind hingegen die Kommunen.

Neben Bund, Ländern und Kommunen nimmt auch das Bundesverfassungsgericht mit seinen Urteilen Einfluss auf die Familien- und Vereinbarkeitspolitik in Deutschland. Zum ersten Mal seit der Gründung der BRD tat es dies Ende der 1950er Jahre. Bis in die 1980er Jahre hinein stellte es dann immer wieder Verbesserungspotenziale im Bereich der Familien- und Vereinbarkeitspolitik fest. Der Gesetzgeber war in dieser Zeit allerdings frei, die konkrete Ausgestaltung selbst festzulegen, da die Vorgaben des Bundesverfassungsgerichts hierzu wenig spezifisch waren. Ab den 1990er Jahren kam es dann zu einer Wende: Die Rechtssprechung des Bundesverfassungsgerichts wurde in familien- und vereinbarkeitspolitischen Belangen wesentlich konkreter und (sowohl inhaltlich als auch zeitlich) verbindlicher für den Gesetzgeber. Im Jahr 1998 legte es zum Beispiel die exakte Höhe des Existenzminimums fest, das von der Besteuerung freizustellen ist (BVerfGE 82, 60). Gerlach spricht in diesem Zusammenhang sogar von einer „Ersatzgesetzgebung" (Gerlach 2010: 439) durch das Bundesverfassungsgericht. Ahrens und Blum (2012) stufen das Bundesverfassungsgericht als „Reformen fördernden Vetospieler" ein, also als einen familienpolitischen Akteur, der aufgrund seiner formalen Kompetenzen über ein Vetorecht verfügt, dies aber zugunsten von weitreichenden Reformen in der Familienpolitik eingesetzt hat. Auch eine der jüngsten familien- und vereinbarkeitspolitisch relevanten Entscheidungen des Bundesverfassungsgerichts macht hier – aus inhaltlicher Sicht – keine Ausnahme: Im Jahr 2015 hatte das Gericht das 2013 eingeführte Betreuungsgeld für verfassungswidrig erklärt. Dem Bund fehle es an der notwendigen Gesetzgebungskompetenz für eine solche Maßnahme, hieß es in dem Urteil.

> **Hinweis**
>
> Beim 2013 (auf Initiative der CSU) eingeführten Betreuungsgeld handelte es sich um eine Leistung, die Eltern beantragen konnten, wenn sie ihr ein- bis dreijähriges Kind zu Hause bzw. privat betreuten und keinen öffentlich geförderten Kinderbetreuungsplatz in Anspruch nahmen. Bereits vor der Einführung war das Betreuungsgeld umstritten und wurde u. a. als „Herdprämie" bezeichnet. Die Befürchtung: Junge Mütter würden durch die staatliche Leistung dazu ermutigt, länger zu Hause zu bleiben – was zu einer Verfestigung traditioneller Rollenbilder führen würde. Nach der Abschaffung des Betreuungsgeldes entschied sich der Freistaat Bayern dafür, das Betreuungsgeld als Landesleistung weiterzuzahlen.

Die Machtposition des Bundesverfassungsgerichts ist allerdings insofern relativ, als dass es nicht auf eigene Initiative tätig werden kann, sondern nur auf Antrag. Folgende Möglichkeiten stehen dabei u. a. zur Verfügung:

- Bürgerinnen und Bürger können eine Verfassungsbeschwerde einreichen.
- Bund und Länder können das Bundesverfassungsgericht anrufen, wenn sie ihre Zuständigkeiten im föderalen Gefüge klären wollen.
- Die Bundes- oder einzelne Landesregierungen oder ein Viertel der Mitglieder des Bundestages können das Bundesverfassungsgericht damit beauftragen, im Rahmen der sogenannten Abstrakten Normenkontrolle zu überprüfen, ob eine Rechtsnorm verfassungskonform ist.

Verfassungsbeschwerden mit familien- und vereinbarkeitspolitischer Relevanz wurden in den 1990er Jahren u. a. von den Familienverbänden in Deutschland initiiert. Neben den staatlichen Akteuren haben also auch nicht-staatliche Akteure aus Wirtschaft und Zivilgesellschaft Einfluss auf das Leben von Familien in Deutschland.

3.3.3 Nicht-staatliche Akteure

Die wichtigsten nicht-staatlichen Akteure sind die Familien- und Wohlfahrtsverbände, die Sozialpartner (Gewerkschaften und Arbeitgeberverbände) sowie Stiftungen und die Wissenschaft, die als „Transmissionsriemen" (Possinger 2015) zwischen Politik und Gesellschaft fungieren. Die Verhandlungsposition der nicht-staatlichen Akteure im politischen Gefüge ist allerdings sehr unterschiedlich. Während die traditionellen Interessengruppen (v. a. Familien- und Wohlfahrtsverbände) von „verhandlungstheoretischen Schwächen betroffen" sind (Gerlach 2009: 104), haben andere Akteure wie Arbeitgeber(-verbände) aber auch Stiftungen und die Wissenschaft in den letzten Jahren eher an Bedeutung gewonnen. Seit 2000 existiert mit dem Bundesforum Familie ein vom Bundesfamilienministerium gefördertes Gremium, in dem sich 120 bundesweit agierende Organisationen, darunter Familienverbände, Sozialpartner und Stiftungen, zusammengeschlossen haben. Der politische Gestaltungsspielraum dieses Gremiums ist allerdings eher gering (Ahrens 2019).

Die Verbände der freien Wohlfahrtspflege beeinflussen das Leben von Familien allerdings zum Teil sehr direkt – dann nämlich, wenn sie als Träger von Kinderbetreuungseinrichtungen auftreten. Mehr als 66 % der unter sechsjährigen Kinder werden in Kindertagesstätten bzw. Kindergärten eines freien (konfessionellen oder nichtkonfessionellen) Trägers betreut (Dortmunder Arbeitsstelle Kinder- und Jugendhilfestatistik 2016). Außerdem bieten sie zum Beispiel Ehe- und Familienberatung an. Zu den großen Wohlfahrtsverbänden gehören die Arbeiterwohlfahrt (AWO), der Deutsche Caritasverband (DCV), der Deutsche Paritätische Wohlfahrtsverband (Der Paritätische), das Deutsche Rote Kreuz (DRK), die Diakonie Deutschland – Evangelisches Werk für Diakonie und Entwicklung und die Zentralwohlfahrtsstelle der Juden in Deutschland (ZWST). Auf Bundesebene sind sie zusammengeschlossen in der Bundesarbeitsgemeinschaft der Freien Wohlfahrtspflege.

Zu den großen familienpolitischen Verbänden in Deutschland zählen der Deutsche Familienverband e. V. (DFV), der Familienbund der Katholiken (FDK), die Evangelische Aktionsgemeinschaft für Familien e. V. (eaf), der Verband binationaler Familien und Partnerschaften e. V. (iaf) sowie der Verband alleinerziehender Mütter und Väter e. V. (VAMV). Auf Bundesebene sind sie in der Arbeitsgemeinschaft der Deutschen Familienorganisationen e. V. (AGF) zusammengeschlossen. Die Familienverbände verstehen sich als Interessensvertretungen der Familien in Deutschland. Auf Europäischer Ebene setzt sich die AGF als Mitglied in der Confédération des organisations familiales de l'Union européenne (COFACE) für die Interessen von Familien ein.

Die Wohlfahrtsverbände sind – ebenso wie die Familienverbände – nicht parteilich gebunden. Beide finanzieren sich vornehmlich über Spenden und Mitgliedsbeiträge. In den politischen Prozess sind sie insofern eingebunden, als dass sie z. B. zu Anhörungen in Bundestags- oder Landtagsausschüssen eingeladen werden oder von den zuständigen Ministerien auf Bundes- und Länderebene zur Kommentierung von Gesetzesentwürfen aufgefordert werden. Darüber hinaus bearbeiten sie – gemeinsam oder einzeln – Projekte und Kampagnen, die zu einer Verbesserung der Lebenssituationen von Familien führen sollen.

> **Beispiel 3.3**
>
> Ein Beispiel für eine solche gemeinsame Kampagne der Familienverbände ist das Bündnis „7 % für Kinder". Mit dem Slogan „Mehrwert gerecht steuern" forderten die in der AGF zusammengeschlossenen Familienverbände, dass Produkte und Dienstleistungen für Kinder mit einem ermäßigten Steuersatz von 7 % besteuert werden. Familien sollten damit entlastet und ihre besonderen Leistungen für die Gesellschaft anerkannt werden. Bildlich wurde die Kampagne folgendermaßen umgesetzt: (Luxus-)Produkte, die bereits zu einem reduzierten Mehrwertsteuersatz erworben werden können, wurden Produkten für Kinder gegenübergestellt, für die der reguläre Mehrwertsteuersatz galt. Hier ein Beispiel (siehe http://www.7fuerkinder.de/home/ecard_garnele.html).
>
>
>
> Quelle: AGF.

In den letzten zwei Jahrzehnten haben die Sozialpartner, also Arbeitgeberverbände und Gewerkschaften, an Bedeutung in der Familien- und insbesondere in der Vereinbarkeitspolitik gewonnen (Blum 2017: 335). Vor allem unter den Bundesfamilienministerinnen Renate Schmidt (SPD) und Ursula von der Leyen (CDU) wurde diese Akteursgruppe strategisch in die Gestaltung der Familien- und Vereinbarkeitspolitik einbezogen. Gemeinsame

Schnittmenge zwischen den Interessen der Arbeitgeberverbände und den staatlichen Akteuren der Familienpolitik war vor allem der demografische Wandel und der sich abzeichnende Fachkräftemangel. Beide Seiten einte das Interesse, die „stille Reserve" zu aktivieren, also vor allem Mütter verstärkt in den Arbeitsmarkt zu integrieren. Die Gewerkschaften hatten bereits in den 1990er Jahren die durch die EU-Elternzeitrichtlinie geschaffenen Möglichkeiten genutzt, um ihre familienpolitischen Vorstellungen umzusetzen – auf nationaler Ebene waren diese zum damaligen Zeitpunkt noch nicht durchsetzbar.

Die Sozialpartner verfügen (im Gegensatz zu den Familien- und Wohlfahrtsverbänden) über höhere finanzielle Ressourcen, die sie für die Durchsetzung ihrer familien- und vereinbarkeitspolitischen Vorstellungen einsetzen können. Darüber hinaus haben sie es verstanden, mit dem Fachkräftemangel ein Thema zu besetzen und ihre entsprechende Argumentation (nämlich, dass eine *simultane* Vereinbarkeit von Beruf und Familie unbedingt möglich sein müsse, um den Fachkräftemangel abzufedern) stringent daran ausgerichtet.

Beispiel 3.4
Der Deutsche Gewerkschaftsbund (DGB) informiert seine Mitglieder und die Öffentlichkeit kontinuierlich über das Thema Vereinbarkeit von Beruf und Familie. Er nimmt dabei die Zielgruppe der Väter systematisch in den Blick. Das zeigt sich z. B. an der Forderung des DGB, im Rahmen der Umsetzung der EU-Vereinbarkeitsrichtlinie in Deutschland eine 10-tägige Vaterschaftsfreistellung bei der Geburt eines Kindes einzuführen (siehe Abschn. 3.3.1).

Der DGB setzt dabei auch in der Bildsprache gezielt darauf, Männer in ihrer Vaterrolle zu zeigen, wie das folgende Beispiel verdeutlicht (siehe https://frauen.dgb.de/++co++e6d9e714-5fb0-11eb-b0d0-001a4a160123):

3.3.4 Exkurs: Betriebliches Familienbewusstsein

Bei Arbeitgeberinnen und Arbeitgebern handelt es sich sicherlich nicht um die ersten Akteure, die Ihnen einfallen, wenn Sie über Familienpolitik nachdenken. Bis vor einigen Jahren spielten sie im familienpolitischen Diskurs auch praktisch keine Rolle. Heute sind sie allerdings kaum wegzudenken – vor allem wenn es um das Thema Vereinbarkeit von Beruf und Familie (als ein Teilbereich der Familienpolitik) geht. Denn mittlerweile hat sich die Erkenntnis durchgesetzt, dass sie – neben der lokalen (Betreuungs-)infrastruktur und den staatlichen Leistungen wie dem Elterngeld – einen sehr großen und direkten Einfluss darauf haben, ob ein Nebeneinander von Beruf und Familie tatsächlich möglich ist. Wenn Arbeitnehmerinnen und Arbeitnehmer mit Kinderwunsch keine familienfreundlichen Strukturen am Arbeitsplatz vorfinden, werden sie ihren Kinderwunsch entweder auf später verschieben, sich einen neuen Arbeitgeber suchen oder aufhören zu arbeiten. Die vierte Option – trotzdem ein Kind bekommen und unter den gegebenen familienunfreundlichen Umständen weiterarbeiten – gibt es natürlich auch noch. Auf lange Sicht führt sie allerdings in vielen Fällen zu Unzufriedenheit. Wer über einen längeren Zeitraum so arbeitet, wird mit zunehmender Wahrscheinlichkeit unmotiviert und unproduktiv.

> **Beispiel 3.5**
>
> Lisa und Marc sind Anfang 40 und haben drei Kinder. Beide arbeiten Vollzeit, Lisa als IT-Spezialistin und Marc als selbständiger Unternehmensberater. Die Kinder sind in Schule und Kindergarten zwar ganztags betreut, die Betreuungszeiten reichen aber nicht immer, um die Arbeitszeiten der Eltern voll abzudecken. Dann springt eine Babysitterin

> oder Marcs Mutter ein und holt die Kinder ab. Wenn ein Kind krank ist, gerät das ausgeklügelte Betreuungssystem ins Wanken. Wer bleibt heute zu Hause? Wer hat die wichtigeren Termine? Was lässt sich aus dem Homeoffice erledigen? Und: Wer bringt das gesunde Kind heute zum Fußballtraining? Wer kümmert sich ums Abendessen?
> Es kostet Lisa und Marc viel Kraft, jedes Mal aufs Neue Lösungen für diese Vereinbarkeitskonflikte zu finden. Abends nach der Arbeit sind sie meist so müde, dass sie es gerade noch schaffen, die Kinder ins Bett zu bringen. Häufig schlafen sie kurz danach erschöpft auf der Couch ein. Am Wochenende fehlt vor allem Marc die Energie für gemeinsame Unternehmungen mit der Familie. Er zieht sich dann häufig zurück und geht Angeln. Montagsmorgens startet er unmotiviert in die neue Arbeitswoche.

Diesen Zusammenhang haben viele Arbeitgeberinnen und Arbeitgeber erkannt und setzten sich dafür ein, dass ihre Beschäftigten Beruf und Familie besser vereinbaren können. Sie tun dies allerdings in der Regel nicht ganz uneigennützig. Untersuchungen des Forschungszentrums Familienbewusste Personalpolitik zeigen beispielsweise, dass die Mitarbeitendenmotivation bei besonders familienbewussten Unternehmen um 31 % höher ist als in wenig familienbewussten Unternehmen. Die Fehlzeitenquote ist hingegen um 60 % geringer in besonders familienbewussten Unternehmen als in wenig familienbewussten Unternehmen, wie auch Abb. 3.2 zeigt.

Ein familienbewusstes Personalmanagement ist damit „zum harten Standortfaktor bei der Sicherung der Wettbewerbsfähigkeit von Unternehmen [geworden]" (Schneider, A. Kristin/Schein 2017: 171). Bei allem, was Arbeitgebende unternehmen, um die Vereinbarkeit von Beruf und Familie zu erleichtern, müssen sie sich natürlich an die geltenden Gesetze halten. Sie können also zusätzlich zu den gesetzlichen Vorgaben Angebote an ihre Beschäftigten machen.

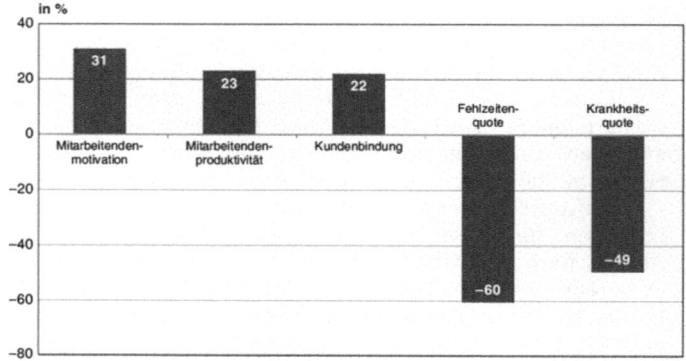

Abb. 3.2 Maximale Differenz zwischen sehr und wenig familienbewussten Unternehmen in Prozent. (Quelle: Ahrens (2016: 123))

> **Definition 3.2**
>
> Ein familienbewusstes Personalmanagement umfasst alle Instrumente, die Arbeitgebende *freiwillig* einsetzen, um ihren Beschäftigten die Vereinbarkeit von Beruf und Familie zu erleichtern (nach Juncke 2005: 8).

Arbeitgebenden – egal ob aus der Wirtschaft oder dem öffentlichen Dienst – stehen ganz unterschiedliche Möglichkeiten zur Verfügung, um dies umzusetzen. Einteilen lassen sich die betrieblichen Bemühungen zur Vereinbarkeit von Beruf und Familie in die drei Kategorien *Dialog, Leistung* und *Kultur* (Ahrens 2016). Hinter diesem „Dreiklang" steckt die Annahme, dass es nicht ausreicht, dass Unternehmen familienbewusste Leistungen (wie zum Beispiel einen Stammtisch für Väter oder eine Betriebskita) vorhalten, sondern dass auch ein Dialog darüber stattfinden sollte, was die Beschäftigten tatsächlich brauchen und was das Unternehmen leisten kann. Ansonsten laufen die Leistungen Gefahr, nicht genutzt zu werden. Die Investition des Unternehmens verpufft dann im Nichts. Dies kann auch passieren, wenn Beschäftigte sich aufgrund der Unternehmenskultur nicht trauen, vorhandene Maßnahmen in Anspruch zu nehmen oder ihre Bedarfe zu äußern. Wenn ein werdender Vater beispielsweise befürchtet, bei der nächsten Beförderungsrunde nicht berücksichtigt zu werden, sofern er ankündigt, Elternzeit nehmen zu wollen, kann das Potenzial des familienbewussten Personalmanagements nicht ausgeschöpft werden. Die Unternehmenskultur ist ein Ausdruck fest verankerter Normen und Werte im Unternehmen. Wenn Eltern oder pflegende Angehörige also den Eindruck erhalten, dass es sich beim familienbewussten Personalmanagement ihres Arbeitgebers um einen reinen Marketing-Gag handelt, z. B. weil ihnen von ihren Vorgesetzten suggeriert wird, dass die Familie doch eine reine Privatsache sei, wird das Unternehmen hinten dem oben skizzierten betriebswirtschaftlichen Nutzen zurückbleiben. Allgemein gilt, dass Führungskräfte eine Schlüsselposition einnehmen, da sie betriebliche Vereinbarkeitsmaßnahmen entweder fördern oder hemmen können – und oft ja selbst auch von Vereinbarkeitsproblemen betroffen sind. Die Tab. 3.1 zeigt konkrete Beispiele für vereinbarkeitsfördernde betriebliche Maßnahmen auf.

Von einem betrieblichen Familienbewusstsein können Unternehmen und Organisationen allerdings langfristig nur profitieren, wenn sie *systematisch* und *individuell* vorgehen. Was ist damit gemeint?[5]

Bei der Umsetzung eines betrieblichen Familienbewusstseins bewegen sich Unternehmen und Organisationen immer im Spannungsfeld zwischen den Interessen der Organisation, den Interessen der Beschäftigten (mit und ohne Familienpflichten) sowie den

---

[5] Die folgenden Abschnitte sind erstmals erschienen in Ahrens (i.E.b).

Tab. 3.1 Instrumente familienbewussten Personalmanagements. (Quelle: Ahrens (2019: 302 f.), in Anlehnung an Becker, S. (2011))

Instrument (Beispiel)	Erläuterung
Gleitzeit	Beschäftigte können beispielsweise außerhalb festgelegter Kernarbeitszeiten selbst entscheiden, wann sie am Arbeitsplatz erscheinen bzw. ihn verlassen
Vertretungsregelungen	Besondere Vertretungsregelungen z. B. für Beschäftigte mit pflegebedürftigen Angehörigen werden eingerichtet – damit der/die pflegende Angehörige kurzfristig im Falle eines familiären Notfalls den Arbeitsplatz verlassen kann
Alternierende Telearbeit	Beschäftigte erhalten vom Unternehmen eine Arbeitsplatzausstattung für zu Hause und arbeiten abwechselnd im Unternehmen und am heimischen Arbeitsplatz (z. B. ein sog. Homeoffice-Tag in der Woche)
Belegschaftsbefragungen	Die Beschäftigten werden anonym (durch die Personalabteilung oder externe Berater) zu ihrer Vereinbarkeitssituation, zu Lösungsmöglichkeiten und Konflikten befragt. Häufig werden entsprechende Fragen in bestehende Mitarbeiterbefragungen integriert
Führungskräfteseminare	Führungskräfte werden – z. B. in einem Workshop – zu den Herausforderungen und Chancen eines familienbewussten Personalmanagements geschult. Idealerweise wird dabei auch ihre eigene Vereinbarkeitssituation betrachtet
Unterstützung aktiver Vaterschaft	Führungskräfte und Personalabteilung nehmen (werdende) Väter als Zielgruppe familienbewussten Personalmanagements wahr und informieren sie beispielsweise über Elterngeld(Plus) und Partnerschaftsbonus-Monate. Über Formate wie beispielsweise Väter-Stammtische wird der Austausch der Väter im Unternehmen gestärkt

(Fortsetzung)

Tab. 3.1 (Fortsetzung)

Instrument (Beispiel)	Erläuterung
Übernahme von Betreuungskosten	Unternehmen übernehmen (anteilig) die Kosten der Kinderbetreuung. Dies kann bei außergewöhnlichem Betreuungsbedarf (z. B. im Fall von Dienstreisen oder Mehrarbeit) oder generell geschehen
Beratung und Vermittlung zur Kinderbetreuung	Unternehmen kooperieren mit dem örtlichen Jugendamt oder einem externen Beratungsservice, das bzw. der bei der Vermittlung von Betreuungsplätzen unterstützt. Denkbar sind auch Kooperationen mit einzelnen Betreuungseinrichtungen in räumlicher Nähe zum Unternehmen. Für größere Unternehmen kann sich eine eigene betriebliche Großtagespflegestelle oder eine betriebliche Kindertagesstätte („Betriebskita") lohnen

rechtlichen Rahmenbedingungen. Betriebliches Familienbewusstsein muss also im Rahmen dieses *Magischen Dreiecks* gestaltet werden. „Magisch" bedeutet in diesem Zusammenhang, dass es nicht möglich ist, alle drei Ziele in vollem Umfang zu erfüllen. Es gilt also, abzuwägen und einen Lösungsraum zu entwickeln, in dem die drei Ziele möglichst gleichberechtigt nebeneinanderstehen. Eine Analyse der rechtlichen Rahmenbedingungen, der betrieblichen Interessen und der Bedarfe der Beschäftigten sollte daher regelmäßig erfolgen und systematisch durchgeführt werden. Verfahren wie die Mediation können dabei helfen, proaktiv (also bereits bevor ein Konflikt entsteht) die Interessen der Beteiligten transparent zu machen und so den Lösungsraum zu erweitern (Roß 2005).

Das betriebliche Familienbewusstsein sollte dabei als Prozess verstanden werden, der Regelmäßigkeit, konkretes

Abb. 3.3 Betriebliches Familienbewusstsein als Prozess. (Quelle: Eigene Darstellung)

Handeln und Nachjustierung bedarf: Die (Weiter-)Entwicklung eines betrieblichen Familienbewusstseins ist eine Herstellungsleistung, die (all-)täglich von Beschäftigten und Arbeitgebenden erbracht werden muss. Zunächst geht es dabei darum, systematisch vorzugehen (also alle (weiter-) zu entwickelnden Maßnahmen auf die Erreichung der drei übergeordneten Ziele hin zu überprüfen) und gleichzeitig individuelle, auf unterschiedliche Familienformen bzw. Teilzielgruppen abgestimmte, Absprachen zu treffen. Folgendes Vorgehen hat sich in der Praxis bewährt (Abb. 3.3):

Zu Beginn geht es darum, die genauen Rahmenbedingungen zu klären. Hier stehen die betrieblichen Interessen und Strukturen sowie die externen Rahmenbedingungen im Vordergrund. Mögliche Leitfragen können sein:

- Employer Branding: Welche Ziele wollen wir mit unserem betrieblichen Familienbewusstsein intern und extern erreichen?
- Finanzierung: Wie hoch ist das Budget, das uns dafür (kurzfristig, mittelfristig, langfristig) zur Verfügung steht?

In einem nächsten Schritt sollten die Bedarfe der Beschäftigten mit Familienpflichten erhoben werden. Dabei gilt es, Familie nicht (nur) in der klassischen

"Vater-Mutter-Kind-Konstellation" zu denken, sondern (vor dem Hintergrund des Doing Family-Konzepts, siehe Abschn. 4.1) auch andere Familienformen und Familie insgesamt als Herstellungsleistung zu verstehen. Arbeitgebende, die im Schnellverfahren Maßnahmen von anderen Arbeitgebenden „kopieren" merken häufig später, dass diese gar nicht zu den Bedarfen der eigenen Beschäftigten passen. Bei der Bedarfserhebung sollten daher folgende Fragen geklärt werden:

- Methode: Welche Methode(n) soll(en) genutzt werden? Beschäftigtenbefragung (ggf. als Zusatzmodul in bereits bestehenden Befragungen), Fokusgruppen, leitfadengestützte Interviews, (aggregierte und anonymisierte) Rückmeldungen aus Mitarbeitergesprächen oder aus Vorträgen, Workshops, Coachings und Mediationen zum Thema Vereinbarkeit von Beruf und Familie? Rückmeldungen aus informellen Runden (Kaffeepausen, Tür-und-Angel-Gespräche etc.)?
- Zielgruppe der Erhebung: Welche Beschäftigten möchten wir ansprechen? (Werdende) Mütter/Väter? Pflegende Angehörige? Beschäftigte ohne (aktuelle) Familienpflichten?
- Auswertung und Präsentation: Nach welchen Kriterien sollen die Daten ausgewertet werden? Wie können dabei auch Familienverhältnisse „jenseits der Norm" abgebildet werden? Wem sollen die Ergebnisse (wie und wann, intern und/oder extern) präsentiert werden?
- Zeitliche Perspektive: Welche Bedarfe haben die Beschäftigten kurzfristig, mittelfristig und langfristig?

Bei der darauf aufbauenden Entwicklung der familienbewussten Maßnahmen bietet es sich an, partizipativ zu arbeiten. Sowohl Beschäftigte mit als auch Beschäftigte ohne (aktuelle) Familienpflichten sollten in die Planung einbezogen werden. Dies schafft Vertrauen, wirkt sich positiv auf die Inanspruchnahme der Leistungen aus und trägt damit zur Akzeptanz innerhalb der gesamten Belegschaft bei. Zentral ist daneben der Einbezug von Führungskräften und Leitungsebene. Folgende Fragen können in dieser Phase des Prozesses gestellt werden:

- Zielgruppe: Welche Zielgruppe(n) sollen mit der jeweiligen Maßnahme adressiert werden (z. B. (werdende) Mütter und Väter, pflegende Angehörige, Führungskräfte, Alleinerziehende, Großeltern)?
- Passgenauigkeit: Welche Maßnahmen passen zur Größe und Beschäftigtenstruktur der Einrichtung?

Wichtig ist auch, vor der Umsetzung der Maßnahmen zu analysieren, inwiefern diese ins Gesamtkonzept des (bisherigen) betrieblichen Familienbewusstseins passen. Zentrale Fragestellungen sind hier:

- Kohärenz: Passen die einzelnen Maßnahmen zum Unternehmensleitbild?
- Flexibilität: Welche Anpassungen sind bei den einzelnen Maßnahmen möglich, wenn sich die Rahmenbedingungen (z. B. Beschäftigtenstruktur, Bedarfe der Beschäftigten, Budget) ändern?
- Führungs-Check: Würden die Maßnahmen bei Bedarf auch von Führungskräften und der Unternehmensleitung in Anspruch genommen – wird Familienbewusstsein also tatsächlich „gelebt"?
- Dialog: Wie wird der Dialog zwischen Beschäftigten und Führungskräften bzw. Leitungsebene über die Maßnahmen dauerhaft aufrechterhalten? Wie können die entwickelten Maßnahmen kontinuierlich nach innen und außen kommuniziert werden? Welche Kanäle können hierfür genutzt werden?

Da sich die betriebsinternen und -externen Rahmenbedingungen ständig im Wandel befinden, ist es wichtig, familienbewusste Maßnahmen kontinuierlich zu evaluieren und ggf. nachzujustieren. Folgende Fragen stellen sich in diesem Zusammenhang:

- Kohärenz: Passen die Maßnahmen weiterhin zum Unternehmensleitbild und zur Unternehmenskultur?
- Nutzungsverhalten: Werden die Maßnahmen von den Beschäftigten genutzt (und wenn nicht, warum nicht)? Welche Möglichkeiten ergeben sich aus einem geänderten Nutzungsverhalten?
- Dialog: Wie ist die bisherige interne und externe Kommunikation des betrieblichen Familienbewusstseins zu bewerten? Ist sie (aus Sicht von Internen und Externen) authentisch?
- Zielerreichung: Konnten die zuvor definierten Ziele erreicht werden? Wenn nicht, warum nicht?

Um Arbeitgebende bei der Umsetzung eines familienbewussten Personalmanagements zu unterstützen, wurden von zivilgesellschaftlichen Akteuren diverse Auditierungs- und Zertifizierungsprozesse entwickelt. Eins der ersten war das sogenannte audit berufundfamilie. Es wurde 2005 von der Hertie-Stiftung initiiert und vom Forschungszentrum Familienbewusste Personalpolitik wissenschaftlich begleitet. Später wurde das audit berufundfamilie auch für den Einsatz in Kommunen und Hochschulen weiterentwickelt. Das Audit hat zum Ziel, Qualitätsstandards für ein familienbewusstes Personalmanagement zu schaffen. Ein von der Bertelsmann Stiftung aufgesetzte Qualitätssigel „Familienfreundlicher Arbeitgeber" verfolgte später ein ähnliches Ziel, richtete sich aber dezidert an kleine und mittelständische Unternehmen. Ursprünglich also von Stiftungen und Wissenschaft konzipiert, finden sich heute viele regionale Zertifizierungsprogramme. Häufig wird der Prozess von lokalen Wirtschaftsförderungsgesellschaften organisiert und über Unternehmensumlagen und öffentliche Gelder finanziert. Weitere Stiftungen, die familienpolitisch besonders aktiv sind, sind z. B. die Robert Bosch Stiftung oder die gewerkschaftsnahe Hans-Böckler-Stiftung. Sie arbeiten vor allem auf Projektbasis und verstehen sich als change-agents mit dem Ziel, gesellschaftlichen Wandel herbeizuführen.

Neben diesen und anderen Stiftungen hat auch der Einfluss wissenschaftlicher Akteure deutlich zugenommen. Wie schon im Abschn. 3.1 angerissen, war die Familienpolitik in Deutschland über Jahrzehnte ein Politikfeld, in dem ideologische Überzeugungen eine größere Rolle spielten als evidenzbasierte Argumentationen. Um die Jahrtausendwende änderte sich das. Vor allem die Bundesfamilienministerinnen Schmidt und von der Leyen gingen dazu über, systematisch wissenschaftliche Daten als Begründung für ihre politischen Maßnahmen heranzuziehen. Der Einführung des Elterngeldes im Jahr 2007 ging zum Beispiel eine Analyse der Situation in anderen europäischen Ländern voraus. Wissenschaftler*innen werden seither regelmäßig dazu aufgefordert (und dafür vom BMFSFJ bezahlt), die Situation von Familien in Deutschland anhand von Daten zu analysieren. Den Höhepunkt dieser Zusammenarbeit zwischen Politik und Wissenschaft bildet sicherlich die Gesamtevaluation der ehe- und familienpolitischen Leistungen. Gemeinsam mit dem Bundesfinanzministerium beauftragte das Bundesfamilienministerium zwischen 2009 und 2013 zahlreiche Gutachten und Analysen zu der Frage, welche Wirkungen die vorhandenen familienpolitischen Leistungen auf Familien haben. Insgesamt waren über 70 Wissenschaftler*innen von elf wissenschaftlichen Institutionen an diesem Großprojekt beteiligt. Heute ist die

Unterfütterung politischer Argumentationen mit wissenschaftlichen Daten nicht mehr wegzudenken. Datensätze, die für diese Analysen regelmäßig zum Einsatz kommen, sind zum Beispiel das sogenannte Sozio-oekonomische Panel (SOEP), der Mikrozensus, das Panel Analysis of Intimate Relationships and Family Dynamics (pairfam) oder das Survey AID:A – Aufwachsen in Deutschland: Alltagswelten (siehe hierzu auch Abschn. 4.7).

3.4 Motive und Instrumente der Familien- und Vereinbarkeitspolitik

Die im Abschn. 3.3 vorgestellten familien- und vereinbarkeitspolitischen Akteure verfolgen unterschiedliche Motive. Die Familienwissenschaft unterscheidet zwischen

- familial-institutionellen,
- demografischen,
- ökonomischen,
- sozialpolitischen,
- geschlechterpolitischen und
- Kindeswohlfahrtsmotiven (Blum 2017: 299).

Was ist damit gemeint? Maßnahmen, die die Familie als Institution stärken sollen, verfolgen familial-institutionelle Motive. Beispiele hierfür sind Regelungen zum Ehegattensplitting oder zum Unterhaltsrecht. Demografische Motive hatten aufgrund ihres Missbrauchs durch die Nationalsozialisten lange Zeit keine Bedeutung in der familienpolitischen Debatte der Bundesrepublik Deutschland. Seit den späten 1990er Jahren werden demografische Motive vor dem Hintergrund des demografischen Wandels aber von familienpolitischen Akteuren wieder vermehrt geäußert. Maßnahmen, die demografische Motive verfolgen sind zum Beispiel das Elterngeld, das zu einer Steigerung der Geburtenrate beitragen soll. Familienpolitische Akteure verfolgen allerdings auch ökonomische Motive, wenn sie die wirtschaftliche Leistung betonen, die Familien für die Gesellschaft erbringen. Gemeint ist hier v. a. die Humanvermögensproduktion, die durch Familien erst ermöglicht wird. Einige familienpolitische Maßnahmen verfolgen darüber hinaus auch sozialpolitische Motive. Dies ist dann der Fall, wenn die Maßnahmen darauf abzielen, Armut von Familien zu bekämpfen und strukturelle Ungleichheiten auszugleichen. Ein Beispiel für eine familienpolitische Leistung mit sozialpolitischem Motiv ist der Kinderzuschlag. Familienpolitische Maßnahmen verfolgen darüber hinaus aus einer geschlechterpolitischen Perspektive beispielsweise das Ziel, eine partnerschaftliche Aufteilung von (bezahlter) Erwerbs- und (unbezahlter) Familienarbeit zwischen Männern und Frauen zu fördern. Zu nennen sind hier die Partnermonate beim Elterngeld sowie das ElterngeldPlus. Nicht zuletzt verfolgen familienpolitische Akteure das Motiv, Kinder zu schützen. Die Kinderwohlfahrt als familienpolitisches Motiv zeigt sich u. a. in Maßnahmen zur Verbesserung der Kinderrechte, der kulturellen Bildung oder der Medienkompetenz von Kindern.

Die Verknüpfung zwischen familienpolitischen Motiven und den zur Erreichung der Ziele eingesetzten Instrumente ist nicht kausal. Das bedeutet, das ein eingesetztes Instrument nicht zwangsläufig zur Erreichung eines Ziels führt – oder andersherum, dass ein familienpolitisches Motiv nicht zwingend den Einsatz eines bestimmten familienpolitischen Instruments erfordert. Häufig wird bei der Einführung und Weiterentwicklung familienpolitischer Instrumente sogar mit mehreren

Motiven argumentiert. Nichtsdestotrotz eignen sich für die Erreichung bestimmter Ziele einzelne Instrumente besser als andere (Blum 2017: 301).

Aktuell existieren mehr als 150 familienpolitische Instrumente. Sie können grob unterteilt werden in *geldbezogene, infrastrukturelle* und *zeitbezogene* Leistungen. Dieser Dreiklang aus Geld, Zeit und Infrastruktur wurde im Siebten Familienbericht von 2006 erstmals so benannt – auch wenn die einzelnen Maßnahmen selbst natürlich schon lange vorher existierten und sukzessive weiterentwickelt wurden bzw. werden. Insgesamt liegen die Kosten für familien- und ehebezogene Leistungen bei 200 Mrd. € – wenn man eine breite Definition zugrunde legt. Rechnet man die ehebezogenen Leistungen sowie die Leistungen der Sozialversicherungen hingegen heraus, sind es (je nach Berechnung) zwischen 74 und 86 Mrd. €, die in Deutschland für Familien ausgegeben werden (Bujard 2014b). Die Abb. 3.4 zeigt die 14 zentralen Leistungen auf, die zusammengerechnet rund 90 % der familienpolitischen Ausgaben ausmachen.

Anhand der Übersicht fällt auf, dass einzelne dieser Maßnahmen gar nicht an das Vorhandensein von Kindern gekoppelt sind, sondern allein das Vorhandensein einer Ehe voraussetzen. So profitiert ein verheiratetes Paar ohne Kinder beispielsweise vom Ehegattensplitting – ein unverheiratetes Paar mit Kindern allerdings nicht. Denn Eheleute – und seit 2014 auch Paare, die in einer eingetragenen Lebenspartnerschaft leben – können in Deutschland zwischen einer gemeinsamen und einer getrennten Einkommensteuerveranlagung wählen. Wählen sie eine getrennte Veranlagung, wird ihr Einkommen jeweils individuell besteuert. Bei der gemeinsamen Veranlagung wird das zu versteuernde Einkommen beider Partner gemeinsam ermittelt und anschließend gesplittet. Jeder Partner versteuert dann

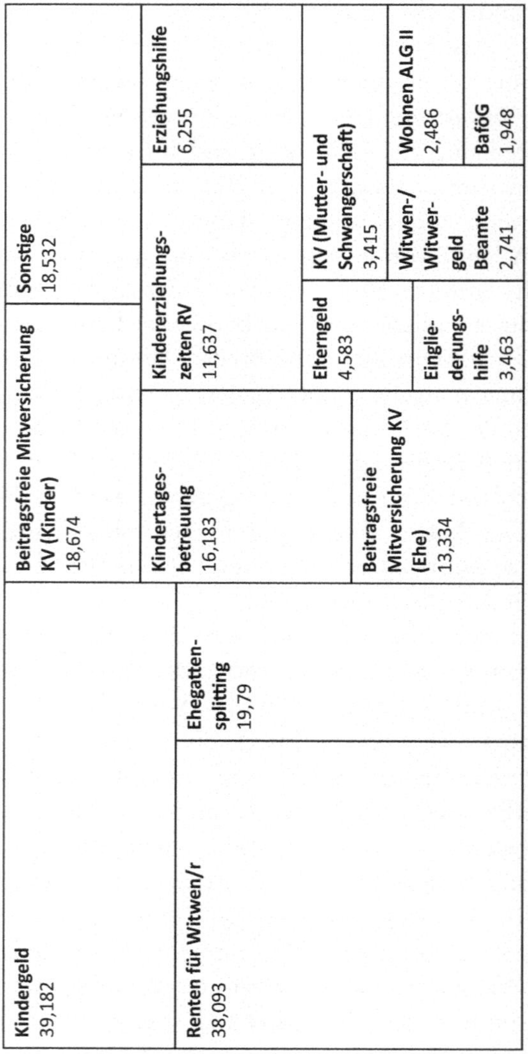

Kindergeld 39,182		Beitragsfreie Mitversicherung KV (Kinder) 18,674		Sonstige 18,532		
Renten für Witwen/r 38,093	Ehegatten-splitting 19,79	Kindertages-betreuung 16,183	Kindererziehungs-zeiten RV 11,637	Erziehungshilfe 6,255		
		Beitragsfreie Mitversicherung KV (Ehe) 13,334	Elterngeld 4,583	KV (Mutter- und Schwangerschaft) 3,415	Wohnen ALG II 2,486	
			Einglie-derungs-hilfe 3,463	Witwen-/Witwer-geld Beamte 2,741	BaföG 1,948	

Abb. 3.4 Zentrale Maßnahmen familienpolitischer Leistungen. (Eigene Darstellung in Anlehnung an Bujard (2014b))

sozusagen die Hälfte des gemeinsamen Einkommens. Der größte steuerliche Vorteil des Ehegattensplittings ergibt sich dann, wenn der Einkommensunterschied zwischen den Partnern besonders hoch ist. Das Ehegattensplitting steht deshalb immer wieder in der Kritik, die Spezialisierung von Männern auf die Erwerbs- und von Frauen auf die Hausarbeit und Kindererziehung zu fördern (Gerlach 2010: 267 ff.). Schon seit Jahrzehnten wird eine Reform des Ehegattensplittings diskutiert, beispielsweise hin zu einer Individualbesteuerung (wie in Schweden) oder einem Familiensplitting (wie in Frankreich). Alle bisherigen Regierungen haben allerdings am Ehegattensplitting festgehalten – trotz zum Teil massiver Kritik aus der Wissenschaft (siehe hierzu z. B. Bonin/Schnabel/Stichnoth 2014).

> **Beispiel 3.6**
>
> Mona und Tim sind verheiratet. Mona verdient 30.000 € pro Jahr, Tim 50.000 € pro Jahr, gemeinsam verfügen sie also über ein Einkommen von 80.000 € pro Jahr. Da sie vom Ehegattensplitting profitieren, wird ihr Einkommen halbiert (40.000 € pro Person) und auf dieser Basis die Einkommensteuer berechnet. Wenn sie die Steuerklassenkombination III/V wählen, beträgt ihre Steuerlast 12.852 €.
> Maren und Kai sind nicht miteinander verheiratet. Genau wie Tim verdient Kai im Jahr 50.000 €. Marens Einkommen ist genauso hoch wie das von Mona (30.000 €). Das Einkommen von Maren und Kai wird getrennt versteuert, wobei Maren 4116 € Steuern zahlt und Kai 10.074 €. Zusammengerechnet liegt ihre Steuerlast bei 14.190 €.
> Mona und Tim sparen also im Vergleich zu Maren und Kai 1338 € durch das Ehegattensplitting.

Im internationalen Vergleich gibt Deutschland verhältnismäßig viel für geldbezogene Leistungen aus – also für Leistungen, die Familien direkt finanziell zugutekommen sollen: 63 der über 150 familienpolitischen Leistungen sind direkte Geldleistungen (zum Vergleich mit anderen Ländern, siehe Abschn. 5.2). Sie kosteten den Staat im Jahr 2010 rund 61 Mrd. €. Hinzu kommen 24 Leistungen, die Steuererleichterungen für Familien umfassen (Kostenpunkt im Jahr 2010: knapp 33 Mrd. €) sowie 53 Maßnahmen, von denen Familien im Rahmen der Sozialversicherung profitieren und die den Staat im Jahr 2010 rund 79 Mrd. € kosteten. Die weiteren Leistungen sind infrastruktureller Art (Bujard 2014b).

Beispiele für geldbezogene Leistungen sind folgende:

- Kindergeld
- Ehegattensplitting
- Elterngeld bzw. ElterngeldPlus
- Pflegeunterstützungsgeld
- Mutterschaftsgeld
- Steuerliche Absetzbarkeit von Kinderbetreuungskosten
- BaFöG für Schüler und Studierende
- Kinderzuschlag
- Kinderwohngeld
- Kinderkrankengeld
- Unterhaltsvorschuss
- Beitragsfreie Mitversicherung von Kindern und nicht oder geringfügig erwerbstätigen Familienmitgliedern in der gesetzlichen Krankenversicherung

Einige der geldbezogenen Leistungen haben allerdings auch eine mittelbare zeitbezogene Wirkung, nämlich dann, wenn es (wie im Falle des Elterngeldes) Müttern und Vätern ermöglicht, (mehr) Zeit mit ihren Kindern zu verbringen. Für die meisten Familien fällt die Kinderbetreuung (und aufgrund des demografischen Wandels auch zunehmend die Zeit der Angehörigenpflege) in eine Lebensphase, in der beide Partner berufstätig sind. Zeitbezogene Leistungen haben somit zum Ziel, die „Rushhour des Lebens" zu entzerren und Familien neben der Erwerbstätigkeit auch gemeinsame Zeit zu ermöglichen. Dies wird u. a. dadurch erschwert, dass Eltern zunehmend auch andere Aufgaben wahrnehmen, als sie dies noch vor einigen Jahrzehnten taten. Viele Eltern übernehmen beispielsweise die Rolle von „Bildungscoaches" (Lange und Thiessen 2018) und begleiten ihre Kinder aktiv in schulischen Belangen. Aktuelle Daten deuten darauf hin, dass diese Entwicklung sich im Zuge der Corona-Pandemie noch verstärkt hat (mehr dazu im Kap. 6). Zentrale zeitbezogene Maßnahmen sind zum Beispiel folgende:

- Mutterschutz
- Elternzeit
- Recht auf Teilzeitarbeit während der Elternzeit
- Kinderkrankentage
- Familienpflegezeit

Die in den Jahrzehnten nach der Gründung der Bundesrepublik eingeführten zeitbezogenen Maßnahmen zielten vor allem darauf ab, dass Zeit für die Familie und Zeit für den Beruf (vor allem für Mütter) *sukzessive* aufeinander folgten. Ziel aktueller zeitbezogener Maßnahmen ist, dass es *simultan,* also im selben Lebensabschnitt, möglich ist, Kinder zu betreuen bzw. Angehörige zu pflegen und erwerbstätig zu sein. Zeitbezogene familienpolitische Maßnahmen sind daher auch immer gleichstellungspolitische Maßnahmen. Schließlich kann eine simultane Vereinbarkeit beider Lebensbereiche langfristig nur gelingen, wenn Männer und Frauen sich die

Zeitverwendung für Beruf und Familie gleichberechtigter aufteilen. Ergänzend dazu wurde in den letzten Jahren auch massiv in infrastrukturelle Leistungen investiert – auch wenn sie weiterhin nur einen kleinen Teil der familien- und ehebezogenen Leistungen ausmachen: Nur 16 der über 150 familienpolitischen Leistungen sind infrastrukturelle Leistungen. Dazu gehören zum Beispiel

- Bildungs- und Betreuungsangebote in Kindertageseinrichtungen bzw. in der Kindertagespflege
- Betreuung von Schulkindern (z. B. Hort)
- Hilfen zur Erziehung
- Maßnahmen zur Eingliederung von Kindern und Jugendlichen mit Behinderung
- ambulante und stationäre Hilfen

Die Ausgaben für infrastrukturelle Leistungen lagen im Jahr 2010 bei ca. 27 Mrd. € (Bundesministerium für Familie, Senioren, Frauen und Jugend 2010). Deutschland liegt damit im internationalen Vergleich weit hinter Ländern wie Schweden oder Frankreich. Ein Beispiel ist die Kindertagesbetreuung. Sie wird zu ca. 80 % von der öffentlichen Hand getragen. Die restlichen Kosten werden über Elternbeiträge sowie über die Eigenanteile von freien Trägern getragen. Die Bundesländer regeln die Finanzierung jedoch zum Teil sehr unterschiedlich. In manchen Bundesländern – wie zum Beispiel in Berlin – ist die Kinderbetreuung grundsätzlich kostenlos. In anderen Bundesländern wie in NRW oder in Brandenburg müssen Eltern im letzten bzw. in den letzten beiden Jahren vor der Einschulung keine Gebühren mehr zahlen.

> **Beispiel 3.7**
> Lisa und Christian Krause haben zwei Kinder und verfügen über ein Jahres-Bruttoeinkommen von 80.000 €. Juna ist ein Jahr alt, ihr großer Bruder Paul ist drei. Die Familie wohnt in Zepelin, einem kleinen Dorf rund 40 km südlich von Rostock in Mecklenburg-Vorpommern. Juna und Paul besuchen ganztägig die Kindertagesstätte im benachbarten Gülzow-Prüzen. Die Eltern zahlen nichts für die Betreuung, da das Land-Mecklenburg-Vorpommern seit dem 1. Januar 2020 die Kosten für die Kinderbetreuung vollständig übernimmt.
> Aufgrund einer beruflichen Veränderung von Lisa zieht Familie Krause nach Münster in Nordrhein-Westfalen. Juna und Paul werden in einer städtischen Kindertagesstätte eingewöhnt. Für die ganztägige Betreuung von Juna zahlen Lisa und Christian Krause nun 474 € pro Monat. Aufgrund des sogenannten Geschwisterbonus für müssen sie für ihren Sohn Paul keine zusätzlichen Gebühren entrichten.

3.5 Zielgruppen der Familien- und Vereinbarkeitspolitik

Das „Funktionieren" von Familien ist für die Gesellschaft so wichtig, weil Eltern die wichtigsten Sozialisationsinstanzen für ihre Kinder sind. Wie sich unsere Eltern uns gegenüber verhalten (haben), das prägt uns bis ins Erwachsenenalter.

Im Idealfall werden Kinder – unterstützt durch die Erziehungsleistungen ihrer Mütter und/oder Väter – zu eigenständigen Erwachsen, die wiederum selbst Verantwortung in der Gesellschaft übernehmen können. Gerlach bezeichnet Familie daher auch als „Ort der Humanvermögensschaffung" und Elternschaft als den „unverzichtbare[n] Kern aller Familienkonzeptionen" (Gerlach 2017b: 23). Immer dort, wo Eltern diese Leistungen nicht oder nur eingeschränkt erbringen (können), greift der Staat ein. Mit den oben dargestellten (monetären, infrastrukturellen und/oder zeitbezogenen) Instrumenten wie dem Kindergeld, dem Elterngeld oder auch mit der Bereitstellung von Kinderbetreuungseinrichtungen versucht er darüber hinaus, gute Rahmenbedingungen für Familien und das Aufwachsen der Kinder zu schaffen.

Natürlich adressiert die Familienpolitik – wie der Name schon sagt – Familien. Im Laufe der Jahrzehnte seit der Gründung der Bundesrepublik Deutschland hat es allerdings Veränderungen darin gegeben, *welche* Arten von Familien besondere Unterstützung erfahren. In der jungen Bundesrepublik unter Familienminister Wuermeling (CDU) waren dies vor allem kinderreiche Familien. Sie mussten – so seine Ansicht – nach den Strapazen des Krieges besonders unterstützt werden. Entsprechende familienpolitische Maßnahmen sollten „die Institution Familie in ihrer Fortexistenz" sichern (Gerlach 2010: 178) und zielten vor allem darauf ab, dass Mütter in der Familienphase nicht erwerbstätig waren. Wie in dem historischen Abriss im Abschn. 3.1 aber bereits deutlich geworden ist, legten andere Familienminister*innen später auch andere Schwerpunkte. In den 1970er bis 1990er Jahren beispielsweise fokussierten familienpolitische Leistungen verstärkt (erwerbstätige) Mütter bzw. stärkten ganz allgemein die Rolle der Frau in der Partnerschaft.

Ein weiterer Wandel ist in den 2000er Jahren zu beobachten. Ab diesem Zeitpunkt wurden Väter (und später auch pflegende Angehörige) zunehmend bei der Konzipierung familien- und vor allem vereinbarkeitspolitischer Leistungen berücksichtigt. Maßnahmen wie die beiden Partnerschaftsmonate beim Elterngeld (sogenannte „Vätermonate") oder der Partnerschaftsbonus beim ElterngeldPlus sollten Väter dazu ermutigen, mehr Zeit mit ihrer Familie zu verbringen und nach der Geburt eines Kindes zumindest zeitweise beruflich zurückzustecken. Diese dezidiert männerpolitischen Komponenten wurden damit begründet, dass sie zu einer partnerschaftlicheren Arbeitsteilung zwischen Müttern und Vätern beitragen können. In den letzten 40 Jahren hat sich damit in der deutschen Familienpolitik „die Haltung gegenüber Vätern von Ausgrenzung über scheinbare Integration hin zu gezielter Ansprache gewandelt" (Baronsky/Gerlach/Schneider 2012). Die Familienpolitik öffnete sich in dieser Zeit sozusagen für die Vorstellung, dass Familie nicht ausschließlich Frauen bzw. Mütter betrifft.

In jüngerer Vergangenheit wurden schließlich – unter dem Stichwort Diversity – auch alternative Familienformen wie Regenbogenfamilien (also Familien mit gleichgeschlechtlichen Eltern) – mit einbezogen. Zudem gerieten Familien mit Migrationshintergrund stärker in den Fokus. Der Wissenschaftliche Beirat für Familienfragen beim Bundesfamilienministerium veröffentlichte beispielsweise im Jahr 2016 ein Gutachten mit dem Thema „Migration und Familie", in dem er auf die Teilhabechancen von Familien mit Migrationshintergrund eingeht und entsprechende Empfehlungen an die Familienpolitik formuliert.

> **Hinweis**
> Die für das Gutachten „Migration und Familie" des Wissenschaftlichen Beirates für Familienfragen beim Bundesfamilienministerium durchgeführten Datenanalysen zeigen deutlich, dass Familien mit Migrationshintergrund keinesfalls eine homogene Gruppe sind – und dementsprechend von der Politik auch unterschiedlich adressiert werden müssen. Zudem weisen die Wissenschaftler*innen darauf hin, dass der Migrationshintergrund an sich in sehr vielen Fällen kein ausreichender erklärender Faktor für die Unterschiede zwischen Familien mit und ohne Migrationshintergrund darstellt. Vielmehr lassen sich „[v]iele der

> beobachteten Unterschiede […] auf andere Ursachen zurückführen als auf die Migration, nämlich insbesondere auf die Bildung der Eltern, deren sozioökonomischen Status sowie die Erwerbsbeteiligung, insbesondere der Mütter." (Wissenschaftlicher Beirat für Familienfragen 2016: 196).

3.6 Zusammenfassung

Die Familien- und Vereinbarkeitspolitik in der Bundesrepublik Deutschland hat sich insbesondere in den letzten beiden Jahrzehnten stark verändert. Während sie bis in die 1990er Jahre von der Idee geprägt war, dass Väter das Familieneinkommen zu sichern und Mütter für die Kinder und den Haushalt zu sorgen hatten, geht es bei neueren familienpolitischen Maßnahmen verstärkt darum, beiden Partnern eine Erwerbstätigkeit und Zeit für die Kinderbetreuung und Angehörigenpflege zu ermöglichen. Im internationalen Vergleich fällt allerdings auf, dass Deutschland z. B. bezüglich der Müttererwerbstätigkeits- und der Kinderbetreuungsquote weiterhin gegenüber anderen Ländern zurückliegt (mehr dazu im Kap. 5).

Familien- und Vereinbarkeitspolitik wird in Deutschland von staatlichen Akteuren maßgeblich gestaltet. Entscheidungen auf europäischer Ebene spielen dabei – obwohl die Europäische Union nicht über eine familienpolitische Gesetzgebungskompetenz verfügt – verstärkt eine Rolle. Aber auch der Einfluss der nicht-staatlichen Akteure hat in den letzten Jahren zugenommen. Dies gilt allerdings nicht für alle gleichermaßen. Während vor allem Arbeitgeber(-verbände) und wissenschaftliche Akteure an Bedeutung gewannen, haben die klassischen Interessenvertretungen von Familien (in Form der Familienverbände) eine eher schwache Verhandlungsposition im familienpolitischen Gefüge. Zusammen mit den Wohlfahrtsverbänden beeinflussen sie das Leben von Familien allerdings – zum Beispiel durch Beratungsangebote oder die Trägerschaft von Kinderbetreuungseinrichtungen – direkt.

Aufgaben zum Kap. 3:

1. *Recherchieren Sie online, welche Ziele die Lokalen Bündnisse für Familie verfolgen.*
2. *Recherchieren Sie im Internet, was sich hinter der DGB-Forderung zur Vaterschaftsfreistellung verbirgt.*
3. *Recherchieren Sie, welche anderen Audits/Zertifikate es in Ihrer Region zum Thema „Vereinbarkeit von Beruf und Familie" gibt und vergleichen Sie diese mit den bundesweiten Angeboten (z. B. audit berufundfamilie). Schauen Sie sich die Ziele und – soweit möglich – die Kostenstruktur der unterschiedlichen Angebote an. Worin unterscheiden sie sich? Welche Gemeinsamkeiten gibt es? Und: Welches Zertifikat/Audit würde Ihrer Ansicht nach am ehesten zu Ihrem jetzigen (oder letzten) Arbeitgeber passen? Warum?*
4. *Wie bewerten Sie das Gesamttableau familienpolitischer Leistungen in Deutschland? Welche Vor- und Nachteile sehen Sie – auch im internationalen Vergleich?*
5. *Aus welchen Gründen sind weitreichende Reformen in der Familienpolitik Ihrer Ansicht nach schwierig umzusetzen?*

4

Familie und Vereinbarkeit in der Wissenschaft

Der im Kap. 2 beschriebene Wandel der Familie wird in der Wissenschaft von unterschiedlichen Disziplinen untersucht. Unter dem Oberbegriff *Familienwissenschaft* analysieren nicht nur Politikwissenschaftler*innen und Soziolog*innen, sondern z. B. auch Ethnolog*innen, Psycholog*innen, Erziehungswissenschaftler*innen und Wirtschaftswissenschaftler*innen, wie Familien leben und inwiefern sie sich von anderen Lebensformen unterscheiden. Dieses Kapitel gibt einen kurzen Einblick in diese Disziplinen und ihre Perspektive auf Familie. Die einzelnen Abschnitte zeigen auf, welche theoretischen Ansätze die jeweilige Disziplin nutzt, um Familie zu untersuchen und zu welchen zentralen

---

Ergänzende Information Die elektronische Version dieses Kapitels enthält Zusatzmaterial, auf das über folgenden Link zugegriffen werden kann https://doi.org/10.1007/978-3-658-37149-4_4.

© Der/die Autor(en), exklusiv lizenziert an Springer Fachmedien Wiesbaden GmbH, ein Teil von Springer Nature 2022
R. Ahrens, *Familien- und Vereinbarkeitspolitik in Deutschland*, Elemente der Politik,
https://doi.org/10.1007/978-3-658-37149-4_4

Erkenntnissen sie kommen.[1] Die Abschn. 4.7 und 4.8 geben weiterführende Informationen zu familien- und vereinbarkeitswissenschaftlich relevanten Datenbanken und disziplinenspezifischer Literatur.

4.1 Soziologie

Im 19. Jahrhundert hat sich die Familiensoziologie im Zuge der Industrialisierung als eigenständige Forschungsdisziplin entwickelt (Nave-Herz 2018: 119). Bei den Fragen, die die junge Familiensoziologie damals beschäftigten, ging es zum Beispiel um die Auswirkungen der Fabrikarbeit auf die Familie. Nave-Herz (2018: 120) konstatiert allerdings, dass es sich bei den frühen Abhandlungen zur Familiensoziologie (z. B. von Wilhelm Heinrich Riehl und Pierre Guilleaume Fréderic Le Play[2]) um „stark wertende Abfassungen und z. T. auch um verzerrte Wiedergaben familialer Realität", die die „patriarchalische Familienstruktur als Ideal" betrachteten. Die Entwicklung der empirischen Familiensoziologie datiert Nave-Herz auf die 1920er und 1930er Jahre. In den 1960er und 1970er Jahren gewannen schließlich Fragestellungen zur Familie als fördernden oder hemmenden Faktor für den Bildungserfolg von Kindern an Bedeutung. Die Familiensoziologie zeichnet sich dadurch aus, „dass sie sich einerseits auf Gegenwartsanalysen von inner- und außerfamilialen Beziehungen konzentriert, andererseits die Makroperspektive und insbesondere auch gesamtgesellschaftliche Veränderungen sowie die Wechselbeziehungen zu anderen gesellschaftlichen Teilbereichen

---

[1] Für einen detaillierteren Einblick siehe Wonneberger et al. (2018).
[2] Siehe hierzu detaillierter Budde (2018, 150 f.).

4 Familie und Vereinbarkeit in der Wissenschaft

in ihren Analysen mit einbezieht" (Nave-Herz 2018: 128). Zentrale Themen der Familiensoziologie sind u. a. der Wandel der Familie, Transfers zwischen den Generationen, der Geburtenrückgang und die Arbeitsteilung innerhalb von Familien.

Folgende theoretische Ansätze prägen die Familiensoziologie (nach Nave-Herz 2018: 128 ff.):

- strukturell-funktionales Paradigma
- interaktionistisches Paradigma
- schichtenspezifische Sozialisationsthese
- systemtheoretischer Ansatz
- historisch-materialistischer Ansatz
- feministische Ansätze
- ökonomisches Paradigma
- Doing Family

Der Doing Family-Ansatz – von Jurczyk (2014) als *practical turn* der Familienwissenschaft bezeichnet – soll hier kurz näher erläutert werden. Der Ansatz basiert auf Annahmen der Lebensführungsforschung und des Sozialkonstruktivismus. Jenseits von statistischen Daten nimmt Doing Family in den Blick, wie Abläufe und Abstimmungsprozesse innerhalb von Familien *tatsächlich* organisiert werden:[3] Wie wird Familie gelebt? Welchen Einfluss haben

---

[3] Interessanterweise hatte Ende des 19. Jahrhunderts Riehl bereits hervorgehoben: „Unsere Zahlenstatistiker rechnen pflichtlich aus, wie viele Männer und Frauen, wie viele Familien im Lande leben, wie viele Durchschnittsköpfe die Familie zählt, wie viele Ehen alljährlich geschlossen werden, wie viele vereinzelte Existenzen neben den Familien hergehen, wie viele Familien in einem Hause wohnen, und wie die Menschen fruchtbar sind und sich mehren. Das ist eine recht nützliche Wissenschaft; aber soll dieß unser ganzes statisches Wissen von den Geschlechtern und der Familie bleiben? Dem Staatsmann soll ja doch nicht bloß ein Blick in das Kirchenbuch, es soll ihm auch ein Blick in's Haus eröffnet werden. Er soll auch wissen, wie das Verhältniß von Mann und Weib sich stellt in den verschiedenen Volksschichten, wie es sich entwickelt, stehen bleibt, zurück geht" (zitiert nach Budde (2018, S. 162); Riehl (1889, S. 92)).

Rollenbilder und Geschlechterdifferenzen? Welche Unterstützungsleistungen auch außerhalb des „Systems" Familie werden in Anspruch genommen? Wie gelingt es Eltern, physische und psychische Nähe zu ihren Kindern herzustellen? Und wie verändert sich das im Laufe der Zeit? Die These, die dahinter steckt ist, dass Familie nicht automatisch (aufgrund eines Verwandtschaftsverhältnisses) „passiert", sondern von den Familienmitgliedern aktiv und kontinuierlich hergestellt werden muss. Wir sprechen in diesem Zusammenhang auch von „Familie als Herstellungsleistung".

Diese Herstellungsleistung umfasst zum einen das sogenannte *Vereinbarkeits- und Balancemanagement*, also die logistischen Abstimmungsprozesse innerhalb einer Familie. Zum anderen umfasst es die *sinnhafte Konstruktion eines gemeinschaftlichen Beziehungsgefüges*, also u. a. die Herstellung von Intimität und Zugehörigkeit (Jurczyk 2018: 146 f.). Die Familiensoziologin Karin Jurczyk stellt allerdings fest, dass jungen Eltern heute häufig „gerade noch das pragmatische Vereinbarkeitsmanagement [gelingt], für die Herstellung von Wir-Gefühl und Zusammenhalt fehlt häufig die Kraft" (Jurczyk 2018: 157).

4.2 Ethnologie

Ethnologische Untersuchungen zeigen uns, wie Familie in unterschiedlichen Teilen der Welt gelebt wird – und wie stark sich das Verständnis von Ehe bzw. Partnerschaft und Familie unterscheiden kann. Wonneberger (2018: 175 ff.) nennt u. a. folgende Beispiele:

- Maring (Hochland von Neuguinea): Die Männer wohnen in sogenannten Männerhäusern, die Frauen leben mit ihren Kindern und weiblichen Verwandten zusammen. Nach der Geburt des ersten Kindes baut

der Mann seiner Ehefrau ein Haus. Verwandtschaft kann nicht nur durch Geburt erfolgen, sondern auch dadurch, dass man gemeinsam ein Feld bestellt oder die Ernte gemeinsam verzehrt.
- Nandi (West-Kenia): Frauen, die keinen Sohn gebären können, können zu „weiblichen Ehemännern" werden, um die Erbschaftsfolge zu gewährleisten. Sie können erneut heiraten und Kinder bekommen. Ihre „männliche Ehefrau" übernimmt dann „weibliche" Aufgaben, wie zum Beispiel die Bewirtung von Gästen. Geschlechtswechsel sind ebenso möglich wie die Neudefinition von Verwandtschaft: Auch Personen, mit denen man nicht verwandt ist, können zu Verwandten erklärt werden – und anders herum.
- Mosuo (Südwest-China): Ehen existieren in weiten Teilen der Bevölkerung nicht. Männer leben im Haushalt ihrer Mutter bzw. Schwester (und deren Kinder) und besuchen andere Frauen nur über Nacht. Sowohl Männer als auch Frauen können mehrere unverbindliche Beziehungen haben. Männliche Bezugspersonen für Kinder sind nicht die Väter, sondern die (im Haushalt lebenden) Onkel. Wonneberger (2018: 179) beschreibt den Hintergedanken wie folgt: „Viele Mosuo sind davon überzeugt, dass ein Mensch am besten mit denen zusammenlebt, die er von Geburt an kennt und die über untrennbare mütterliche Bande mit ihm verbunden sind. Denn die Mutter sei einem vom Schicksal vorbestimmt, während der Vater als zufällig und austauschbar gesehen wird, und Partner könnten einander niemals so nahe stehen wie mütterliche Blutverwandte."
- Zadrugas (Nord-Albanien): Im nördlichen Albanien leben Menschen in Wirtschafts- und Familienverbänden zusammen. Wenn ein Familienverband nicht genügend männliche Nachkommen hat, kann eine der Töchter aus dem Familienverband die Rolle übernehmen. Sie

nimmt einen männlichen Namen an, trägt männliche Kleidung, verpflichtet sich darauf, nicht zu heiraten und übernimmt alle Rechte und Pflichten eines männlichen Erben.
- Nyinba (Nordwest-Nepal): Mehrere Brüder heiraten eine Frau und teilen sich die Pflichten (Ackerbau, Herdenhaltung, Fernhandel). Die Frau bestimmt, welcher Mann als Vater eines Kindes anerkannt wird. Diese Zuweisung durch die Mutter muss nicht mit der biologischen Vaterschaft übereinstimmen.

Die Familienethnologie untersucht diese sehr unterschiedlichen Familienformen (auch kulturvergleichend) und konzentriert sich dabei u. a. auf „Gesellschaften (in Afrika, Australien, Ozeanien, Südostasien etc.) […], in denen Verwandtschaft nicht nur für das Individuum von Bedeutung ist, sondern *das* grundlegende Organisationsprinzip für die gesamte Gesellschaft darstellt" (Wonneberger 2018: 180). Ethnolog*innen erheben ihre Daten zumeist über teilnehmende Beobachtungen, d. h., sie verbringen einen längeren Zeitraum in den Verwandtschaftsstrukturen, die sie analysieren. Weitere verwendete Methoden sind Befragungen und die Genealogie.

4.3 Psychologie

Aus psychologischer Sicht sind u. a. das Verhalten und das Erleben der einzelnen Familienmitglieder sowie die Ursachen hierfür von Interesse. In der psychologischen Forschung ist die Familie ein Querschnittsthema, das einerseits in unterschiedlichsten Forschungs- und Anwendungsfeldern behandelt wird, sich aber in den 1950er Jahren in den USA auch als eigene Subdisziplin (Familienpsychologie) herausgebildet hat. Weidtmann,

(2018: 215) bezeichnet die Familienpsychologie im deutschsprachigen Raum allerdings aufgrund ihrer geringen Institutionalisierung als „akademisches Mauerblümchen". Die Familienpsychologie weist eine große Nähe zur Familientherapie auf, vor allem zur systemischen Therapie, deren Wurzeln in der Systemtheorie liegen (Weidtmann, 2018: 217): Während andere Bereiche der angewandten Psychologie Erfahrungen zwischen Personen oder einer einzelnen Person betrachten, versteht die systemische Therapie „nicht das Individuum, sondern die Beziehungen zwischen Personen als Herzstück für die Analyse menschlichen Verhaltens und als Weg für dessen Veränderung" (Weidtmann, 2018: 217 f.). Die Familienpsychologie hebt die Bedeutung der Familie für die individuelle Entwicklung hervor und nimmt dabei auch mehrere Generationen in den Blick. Im Rahmen der Familiendiagnostik werden u. a. Interviews, Beobachtungen oder Ratingskalen verwendet. Die Erkenntnisse fließen in die Familienberatung und -therapie ein, z. B. in die systemische Therapie, die multisystemische Therapie, die integrative Paar-Verhaltenstherapie oder in die lösungsorientierte Therapie.

Die Familienpsychologie betont im Rahmen der Familienentwicklungstheorie[4] den Prozesscharakter von Familie: Familie und die innerhalb von Familien übernommenen Rollen ändern sich je nach Lebensphase. Um Ereignisse wie Heirat/Scheidung oder Partnerwahl zu untersuchen, bedient sich die Familienpsychologie beispielsweise des Investmentmodells. Es geht davon aus, dass die Familienmitglieder (bzw. die Partner*innen)

---

[4] Dieser Überblick über die für die Familienpsychologie relevanten theoretischen Ansätze ist entnommen aus Weidtmann (2018, 226 ff.).

ein individuelles Kosten-Nutzen-Kalkül erstellen, Alternativen abwägen und dies in Relation zu den bisherigen Investitionen in die Beziehung setzen. Beziehungen werden nur dann aufrechterhalten, wenn diese Bilanz positiv ausfällt. Ein weiterer wichtiger theoretischer Ansatz ist das auf der Familienstresstheorie basierende Familienkrisenmodell (auch ABC-X-Modell genannt). Dieses Modell geht davon aus, dass Stressoren (A) auf Familien wirken. Inwiefern sie die Belastung als Krise (X) wahrnehmen (und wie gut sie sich an belastende Ereignisse anpassen können), hängt aber davon ab, wie ihre Bewältigungsressourcen (auch Coping-Strategien genannt) (B) ausgestaltet sind und wie sie das Ereignis bewerten (C) (Abb. 4.1).

Darüber hinaus ist die Familiensystemtheorie ein zentraler theoretischer Ansatz der Familienpsychologie. Ihre Grundannahme lautet, dass die Familie zwar ein eigenständiges System darstellt, das sich allerdings ständig weiterentwickelt und von anderen Systemen (z. B. Freunde, Schule, Beruf) beeinflusst wird. Die

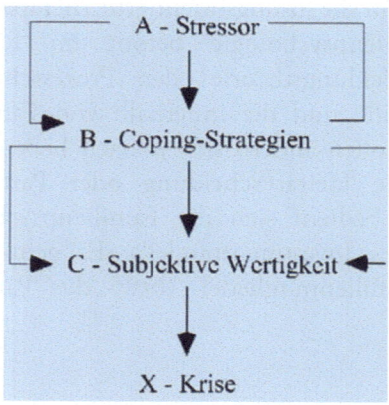

Abb. 4.1 Das ABC-X-Modell nach Hill (1958), zitiert nach Benninghoven/Cierpka/Thomas, V. (2008: 429)

Familienmitglieder beeinflussen sich gegenseitig, wobei abweichendes Verhalten Auswirkungen auf das gesamte Familiensystem auswirken kann. Gleichzeitig strebt das „System" Familie nach Balance (sog. Homöostase). Die Familienpsychologie hat darüber hinaus verschiedene Ansätze der Familienklassifikation entwickelt, darunter das Circumplex-Modell und den Familienklima-Ansatz.

> **Hinweis:**
> Auf Basis des Familienklima-Ansatzes wurde ein Fragebogen (die sogenannten Family Environment Scales (FES)) entwickelt, mit dem sich das subjektive Erleben in Familien bzw. in der Familienumwelt messen lassen. Dabei werden u. a. Daten zur Beziehung der Familienmitglieder, zur Persönlichkeitsreifung und zur Systemerhaltung erhoben. Für den deutschsprachigen Raum wurden darauf aufbauend die Familienklimaskalen (FKS) entwickelt. Die familienpsychologische Forschung hat zahlreiche weitere Skalen entwickelt, die in der Diagnostik und Therapie eingesetzt werden, z. B. die Family Adaptability and Cohesion Evaluation Scales. Einen Überblick über Skalen, die in der Familiendiagnostik verwendet werden liefern Benninghoven, Cierpka, Thomas (2008).

4.4 Erziehungswissenschaft

Die erziehungswissenschaftliche Familienforschung „fragt danach, welche Inhalte, das meint Kenntnisse, Fertigkeiten, Orientierungen, Einstellungen, Haltungen, zu welchem Ziel/ Zweck auf welche Art und Weise von Familienmitgliedern der Eltern- und ggf. der Großelterngeneration an Familienmitglieder der nachwachsenden Generation vermittelt und von diesen angeeignet werden, wobei auch die Art und Weise der Aneignung (z. B. affirmativ oder kritisch oder oppositionell) von Interesse ist" (Matthes 2018: 249). Es geht dabei allerdings nicht so sehr um „direkte pädagogische Einwirkungsformen" (die innerhalb von Familien eher selten vorkommen), sondern vielmehr um die „Schaffung einer erzieherisch wirksamen familialen Lebenswelt/Familienkultur, die Inszenierung des familialen Alltags [und um] die Ritualisierung" (Matthes 2018: 249). Welche Leistungen erbringen Familien also in Bildungs- und Erziehungskontexten?

Unter einer familienwissenschaftlichen Perspektive untersucht die Erziehungswissenschaft zum Beispiel, wie die Zuständigkeiten zwischen Familie und externen Bildungsakteuren wie Schule und Kindergarten verteilt sind, wie Erziehungsleitbilder sich wandeln, welche Erziehungsziele in bestimmten gesellschaftlichen Milieus vorherrschen und inwiefern Eltern für den Bildungserfolg ihrer Kinder (mit-)verantwortlich gemacht werden. Studien zeigen, dass unterschiedliche Erziehungsformen vorherrschen, die von Ecarius (2007: 151) als „Erziehung des Befehlens" und „Erziehung des Verhandelns" beschrieben werden. Diese Erziehungsformen sind nicht per se positiv oder negativ, wie Ecarius (2007) betont. Die Erziehung des Verhandelns beispielsweise führe „ohne emotionale Sicherheit und Anlehnung […] zur Orientierungslosigkeit und einem Gefühl des Verlassenseins, der Unsicherheit in unverlässlichen Strukturen" (Ecarius 2007: 151). Auf Basis einer qualitativen Befragung von 41 Eltern aus unterschiedlichen sozialen Milieus zeigt Liebenwein (2008: 245) dass „Traditionsverwurzelte autoritär [erziehen], die Milieus der Oberschicht mit Ausnahme der Postmateriellen autoritativ, Angehörige der Bürgerlichen Mitte, Postmateriellen und Experimentalisten demokratisch, Hedonisten permissiv-verwöhnend und Konsum-Materialisten permissiv-vernachlässigend". Müller/Krinninger (2015) hingegen verdeutlichen, dass Familien, die sich in belastenden, herausfordernden Situationen befinden, ihre Erziehungspraxis darauf ausrichten, „die soziale Lage der Familie gegen äußere Einschränkungen abzusichern oder sie zu verbessern". Für Familien, die materiell und sozial abgesichert sind, ist Erziehung hingegen „Teil des Idealentwurfs der Familie und entsprechend stark von pädagogischen Überzeugungen [...] getragen, teils in Abgrenzung zur Außenwelt" (zitiert nach Matthes 2018: 272 f.; Müller/Krinninger 2015: 216 f.).

4.5 Wirtschaftswissenschaft

Als Teilbereich der Mikroökonomik untersucht die Familienökonomik, wie Entscheidungen von (und innerhalb von) Familien und Partnerschaften bzw. Haushalten getroffen werden.[5] Grundlage hierfür ist die ökonomische Theorie, die davon ausgeht, dass Individuen rational handeln und sich aufgrund von wirtschaftlichen Überlegungen für oder gegen eine Option entscheiden. Die Maximierung des (materiellen und immateriellen) Nutzens ist dabei das Ziel des Individuums, wobei die zur Verfügung stehenden Mittel (u. a. Zeit, Geld) begrenzt sind. Aufgrund dieser Begrenzung führt eine Entscheidung (beispielsweise für eine zusätzliche Arbeitsstunde) zwangsläufig zu „Kosten der entgangenen Gelegenheit" (Boll 2018: 316) (beispielsweise zu einer Stunde weniger Familienzeit), also zu sogenannten Opportunitätskosten. Wie Individuen diese Opportunitätskosten bewerten – ob sie sich also trotzdem für eine Stunde mehr Arbeitszeit entscheiden oder nicht, wird durch ihre individuellen Präferenzen beeinflusst, und

---

[5] Die Begriffe „Haushalt" und „Familie" werden in der Familienökonomik oft synonym verwendet.

diese wiederum von individuellen Faktoren wie zum Beispiel dem Alter, dem Geschlecht oder dem Familienstand aber auch durch gesellschaftliche Normen. Das Ergebnis einer individuellen Entscheidung hängt also auch vom Nutzen eines Gutes ab – wobei der Nutzen eines Gutes abnimmt, je mehr von diesem Gut (z. B. Zeit) „konsumiert" wird (acht Stunden Freizeit pro Woche sind „mehr wert" als acht Stunden Freizeit am Tag). Familienökonomen gehen u. a. davon aus, dass „bewusst gesetzte Anreize, beispielsweise durch politische Instrumente, das Verhalten von Individuen beeinflussen" können (Boll 2018: 317).

Als „bekanntester Vertreter der Familienökonomik" (Boll 2018: 315) hat Gary S. Becker sich seit den 1960er Jahren u. a. mit den Themen Fertilität und Zeitallokation in Haushalten auseinandergesetzt. Der für die Familienökonomik relevante Ansatz der Neuen Haushaltsökonomik geht ebenfalls davon aus, dass Haushalte ihre Entscheidungen z. B. für oder gegen Erwerbsarbeit an vorherrschenden Preisen und ihrem Einkommen anpassen. Während Ansätze der traditionellen Ökonomik Haushalte v. a. als Konsumenten und als Anbieter von Produktionsfaktoren (Arbeit) verstanden, sieht die Neue Haushaltsökonomik Haushalte – entsprechend des Zeitallokations-Ansatzes von Becker – auch als Produzenten gesehen, die z. B. Zeit investieren, womit auch „die Verzichtskosten der Zeitverwendung […] in den Mittelpunkt [rücken]" (Boll 2018: 321 f.).

Laut Becker besitzen Haushalte nur eine Nutzenfunktion: Entweder die Mitglieder des Haushaltes haben tatsächlich identische Interessen, oder sie gleichen unterschiedliche Interessen durch „Ausgleichszahlungen" untereinander aus – wodurch ebenfalls eine einzelne Haushalts-Nutzenfunktion entsteht. Vor diesem Hintergrund sind zwei Konstellationen der partnerschaftlichen Arbeitsaufteilung denkbar: Becker nimmt an, dass sich „[i]m Optimum, das heißt im Haushaltsnutzenmaximum, [...] entweder alle Haushaltsmitglieder vollständig auf entweder Erwerbsarbeit oder unbezahlte Arbeit [spezialisieren] oder, sofern Haushaltsmitglieder für beide Bereiche Zeit aufwenden, das Verhältnis der Grenzprodukte im Haushalt [...] dem Lohnverhältnis der Partner" entspricht (Boll 2018: 327).

Entsprechend der Familienökonomik folgt die Partnerwahl ebenfalls einem strengen Kosten-Nutzen-Kalkül: Nur, wenn die Partnerschaft einen höheren Nutzen verspricht als das Alleinsein, wird diese Partnerschaft auch eingegangen. Dabei ist es individuell unterschiedlich, ob ein*e Partner*in mit ähnlichen Merkmalen (z. B. Wertvorstellungen, Alter) gewählt wird (sogenanntes *positive assortative mating*) oder ein*e Partner*in mit anderen Merkmalen als den eigenen (sogenanntes *negative assortative mating*). Beim *positive assortative mating* ergibt sich der Gesamtnutzen aufgrund der ähnlichen Bedürfnisse der Partner*innen aus den gemeinsam „konsumierten" Gütern (z. B. Freizeit, Kinder, Sexualität), beim *negative assortative mating* kann der Gesamtnutzen aber ebenfalls hoch sein, z. B. weil durch die unterschiedlichen Bedürfnisse und Fähigkeiten der Partner*innen dazu führen, dass eine*r sich auf Kinderbetreuung und Haushalt konzentriert, während der/die andere Partner*in seine zur Verfügung stehende Zeit v. a. in die Erwerbsarbeit investiert. Schließlich sind die „Vorteile des gemeinsamen Haushaltens [...] umso größer, je unterschiedlicher die Produktivität der Partner in den beiden Spezialisierungsbereichen ausfällt" (Becker, G. S. 1973: 820; zitiert nach Boll 2018: 325).

Mit der Humankapitaltheorie, dem Modell der optimalen Energieallokation im Haushalt und dem Quantity-Quality-Modell liefert Becker über den Zeitallokationsansatz hinaus noch weitere theoretische Ansätze für die Familienökonomik (einen Überblick hierzu bietet Boll 2018: 335 ff.). Einige seiner Annahmen – z. B. zum Zusammenhang von Frauenerwerbstätigkeit und Fertilität – sind allerdings seit den 1990er Jahren empirisch nicht mehr haltbar. Boll (2018: 343) konstatiert vor diesem Hintergrund, dass „der Komplexität der familialen Prozesse […] nur ein interdisziplinärer Ansatz gerecht [wird], der dort Anleihen bei benachbarten Sozialwissenschaften nimmt, wo die ökonomische Erklärungskraft endet" (Boll 2018: 341).

Der kurze Überblick verdeutlicht, aus welchen Blickwinkeln die Familie wissenschaftlich betrachtet werden kann. Da der Fokus dieses Bandes allerdings auf der politikwissenschaftlichen Untersuchung von Familie liegt, werden im Folgenden die Zugänge dieser Disziplin zum Themenfeld Familie detaillierter vorgestellt.

4.6 Politikwissenschaft

Politikwissenschaftler*innen nutzen unterschiedliche theoretische Ansätze, um das Themenfeld Familie zu analysieren – je nachdem, auf welcher Ebene das Erkenntnisinteresse verortet ist. Die nachfolgenden Abschnitte zeigen anhand von Beispielen auf, welche Ansätze genutzt werden.

Makroebene
Die vergleichende Wohlfahrtsstaatsforschung zielt – wie der Name schon vermuten lässt – auf Vergleiche zwischen einzelnen Wohlfahrtsstaaten (z. B. in Deutschland, Frankreich, Spanien) und damit auf die Makroebene. Die Ansätze, die innerhalb der vergleichenden Wohlfahrtsstaatsforschung zur Erklärung für die Unterschiede und Gemeinsamkeiten dieser Wohlfahrtsstaaten herangezogen werden, unterscheiden sich jedoch. Sie machen

4 Familie und Vereinbarkeit in der Wissenschaft

z. B. sozioökonomische Unterschiede zwischen den Ländern, unterschiedliche Orientierungen der Parteien, Machtverhältnisse zwischen den beteiligten Akteuren, institutionellen Arrangements oder eine Pfadabhängigkeit von „alten" politischen Entscheidungen für das unterschiedliche politische Output bzw. Outcome verantwortlich (eine Übersicht über diese unterschiedlichen Forschungsrichtungen liefern Blum und Schubert 2009: 39 ff.).

Die vergleichende Wohlfahrtsstaatsforschung bedient sich dabei quantitativer oder qualitativer Methoden (z. B. quantitativer Wohlfahrtsstaatenvergleich nach Schmidt; quantitative Netzwerkanalyse nach Schneider/Pappi; qualitativer Vergleich nach Blum/Kuhlmann/Schubert 2020).

Ausgehend von der Tatsache, dass sozialpolitische Leistungen immer häufiger von einem Land auf ein anderes übertragen werden konnten, verglichen Kamerman/Kahn (1978) bereits Ende der 1970er Jahre die familienpolitischen Leistungen in 14 Ländern. Obwohl ihr Vergleich noch sehr deskriptiv war, identifizierten sie bereits die folgenden familienpolitische Systeme:

1. *explicit and comprehensive:* Länder mit einer expliziten und umfassenden Familienpolitik (z. B. Schweden, Frankreich, Ungarn)
2. *sectoral:* Länder, die Familienpolitik als Querschnittspolitik behandelten (z. B. Deutschland, Österreich)
3. *implicit and reluctant:* Länder, die Familienpolitik nur zurückhaltend umsetzten (z. B. USA; Vereinigtes Königreich)

Gøsta Esping-Andersen (1990) lieferte in den 1990er Jahren mit seiner Wohlfahrtsstaaten-Typologie einen analytischen Rahmen für die vergleichende Wohlfahrtsstaatsforschung. Er fokussiert in seiner Typologie nicht nur darauf, wie viel Geld Staaten für sozialpolitische Leistungen ausgaben, sondern schaut auch danach, in welchen Bereichen (z. B. Arbeitsmarktpolitik, Gesundheitspolitik) und mit welchen Zielen. Als Vergleichskriterien nutzt er die Konzepte der De-Kommodifizierung und der Stratifizierung. Darüber hinaus ermittelt er, in welcher Trägerschaft die Wohlfahrtsproduktion angesiedelt ist. De-Kommodifizierende Wohlfahrtsstaaten sind nach Esping-Andersen solche, die ihre Bürger*innen gut gegenüber sozialen Risiken (z. B. Armut, Krankheit, Alter) absichern. Mit Stratifizierung meint Esping-Andersen das Maß, in dem Wohlfahrtsstaaten soziale Ungleichheiten ausgleichen (z. B. über steuerpolitische Instrumente). Esping-Andersen teilt Wohlfahrtsstaaten hierauf aufbauend in drei unterschiedliche Typen ein:

1. *sozialdemokratische* Wohlfahrtsstaten, die ein hohes Maß an De-Kommodifizierung aufweisen, in geringem Umfang stratifizieren und dabei den Staat als Hauptakteur (bzw. Träger) des Wohlfahrtssystems ansehen
2. *konservative* Wohlfahrtsstaaten mit einem mittleren Maß an De-Kommodifizierung, die in hohem Maße stratifizieren und die Familie als Träger der Wohlfahrtsproduktion ansehen
3. *liberale* Wohlfahrtsstaaten, die sich durch ein geringes Maß an De-Kommodifizierung und ein hohes Maß an Stratifikation auszeichnen und die Wohlfahrtsproduktion in der Hand des Marktes sehen

Als Beispiele für einen sozialdemokratischen Wohlfahrtsstaat nennt Esping-Andersen Schweden. Deutschland ist laut seiner Einschätzung ein konservativer Wohlfahrtsstaat, wohingegen das Vereinigte Königreich als liberaler Wohlfahrtsstaat angesehen werden kann. Esping-Andersen wurde später u. a. dafür kritisiert, bei der Entwicklung seiner Typologie lediglich den Markt und den Staat berücksichtigt zu haben – nicht aber die Leistungen, die Familien im Rahmen der Wohlfahrtsproduktion erbringen. Der Vorwurf lautete, dass er all diejenige Arbeit vernachlässigt habe, die (unbezahlt) zumeist von Frauen erbracht wird – und damit einen zentralen Anteil der wohlfahrtsstaatlichen Produktion „unterschlagen" habe (Daly 1994; Lewis 1992; Lewis und Ostner 1994).

Als Antwort auf die Kritik an Esping-Andersens frühe Arbeiten wurde – in Anlehnung an das Konzept der (De-)Kommodifizierung – daher ein weiteres Konzept in die Typologie integriert: die (De-)Familialisierung. De-Familialisierung bezeichnet Esping-Andersen als „the degree to which households' welfare and caring responsibilities are relaxed either via welfare state provision or via market provision" (Esping-Andersen 1999: 51). Nach Lewis und Ostner (1994) ist Deutschland entsprechend ein Wohlfahrtsstaat, der ein männliches Ernährermodell fördert. Ostner (2003) differenzierte das Konzept der Familialisierung später noch weiter aus, indem sie zwischen positiver und negativer (De-/Re-)Familialisierung unterschied: Während negative (De-/Re-)Familialisierungsmaßnahmen das Entscheidungsspektrum von Familien einschränken, erweitern positive (De-/Re-)Familialisierungsmaßnahmen den Spielraum für Familien.

Angelehnt an Esping-Andersens Typologie lieferte Gauthier (1996) eine historische Analyse der Familienpolitiken in OECD-Ländern und identifizierte folgende Ländergruppen:

1. *pro-egalitarian:* Länder, in denen familienpolitische Maßnahmen v. a. auf die Herstellung von Geschlechtergerechtigkeit abzielen (z. B. Schweden)

2. *pro-family/pro-natalist:* Länder, in denen familienpolitsiche Maßnahmen v. a. die Erreichung bevölkerungspolitischer Ziele fokussieren (z. B. Frankreich)
3. *pro-traditional:* Länder, in denen familienpolitsiche Maßnahmen v. a. traditionelle Rollenbilder stützen (z. B. Deutschland)
4. *pro-family but not interventionist:* Länder, die Familien zwar unterstützen, hierfür aber kein umfangreiches familienpolitisches Instrumentarium vorsehen.

Später entwickelte Leitner (2003) das Konzept der (De-/Re-)Familialisierung weiter und identifizierte mit dem *optionalen Familialismus,* dem *expliziten Familialismus,* dem *De-Familialismus* und dem *impliziten Familialismus* vier unterschiedliche Familialismus-Varianten. Der optionale Familialismus umfasst laut Leitner (2019: 742) „sowohl familisierende als auch de-familisierende Maßnahmen. Somit wird einerseits die familiale Pflege- und Betreuungsarbeit gefördert, es besteht aber andererseits auch die Möglichkeit, dass die Familie von Pflege- und Betreuungsaufgaben entlastet wird". Der explizite Familialismus zeichnet sich dadurch aus, dass Familien bei Betreuungs-/Pflegeaufgaben unterstützt werden, indem Sie z. B. hierfür von der Arbeit freigestellt werden. „Gleichzeitig fehlen de-familisierende Maßnahmen, so dass familiale Pflege- und Betreuungsarbeit nicht nur gefördert, sondern mangels Alternative explizit eingefordert wird" (Leitner 2019: 742). De-familialisierende Wohlfahrtsstaaten zeichnen sich laut Leitner dadurch aus, dass sie zwar de-familialisierende Maßnahmen anbieten, jedoch keine familialisierenden, „d. h. Familien erfahren Entlastung von Pflege- und Betreuungsarbeit aber keine Unterstützung im Sinne eines ‚right to care'" (Leitner 2019: 742). Zuguterletzt stellen Wohlfahrtsstaaten weder familialisierende noch de-familialisierende Maßnahmen zur Verfügung und übertragen Familien damit die volle Verantwortung für unbezahlte Familienarbeit.

Deutschland galt über Jahrzehnte hinweg als familialisierender Wohlfahrtsstaat, was sich u. a. an geringen Müttererwerbstätigkeitsquoten zeigte. Maßnahmen wie beispielsweise die kostenlose Mitversicherung von nicht (oder nur geringfügig) erwerbstätigen Angehörigen in der gesetzlichen Krankenversicherung oder das Ehegattensplitting trugen (und tragen weiterhin) dazu bei, dass es für viele Paare (kurzfristig gesehen) schlicht finanziell nicht lukrativ ist, dass Vater *und* Mutter einer Erwerbstätigkeit nachgehen. Wenn dann auch noch (qualitativ hochwertige) Kinderbetreuungsmöglichkeiten fehlen und Familie und Freunde suggerieren, dass „die Mutter zum Kind gehört", liegt die Entscheidung, als Mutter nicht (oder nur geringfügig) erwerbstätig zu sein, nahe.

In den letzten Jahren hat sich diese starke Familialisierung allerdings abgeschwächt. Wurde bis in die 1990er Jahre hinein durch den deutschen Wohlfahrtsstaat v. a. eine Rollenverteilung innerhalb von Familien gefördert, in der ein Partner (i. d. R. der Vater) einer Erwerbsarbeit nachging und der andere Partner (i. d. R. die Mutter) sich auf die Hausarbeit und Kinderbetreuung konzentrierte, zielen familienpolitische Maßnahmen, die in den letzten 20 Jahren eingeführt wurden (z. B. das Elterngeld) auf eine gleichberechtigtere Aufteilung von Erwerbs- und Familienarbeit zwischen Müttern und Vätern ab. Dies geschah auch vor dem Hintergrund von internationalen Vergleichen. Diese führten nämlich dazu, dass auf Ebene der Europäischen Union und der OECD Ziele z. B. zur Müttererwerbstätigkeit oder zur Kinderbetreuungsquote formuliert wurden. Bis dahin hatte die Familienpolitik in Deutschland vor allem die sogenannte *sukzessive* Vereinbarkeit zum Ziel: Mütter sollten nach einer mehrjährigen Familienphase wieder in den Beruf einsteigen können. Um die Jahrtausendwende herum gab es daher auch in Deutschland vermehrt Anstrengungen, Müttern eine Erwerbstätigkeit parallel zur Kinderbetreuung – also eine *simultane* Vereinbarkeit – zu ermöglichen. Dennoch umfasst die aktuelle Familienpolitik nicht nur de-familialisierende, sondern weiterhin auch familialisierende Maßnahmen. Ehnis (2018: 368) spricht in diesem Zuge von einem in Deutschland aktuell vorherrschenden „modernisierten männlichen Familienernährermodell[…]", welches „eng verbunden [ist] mit dem Wandel des Wohlfahrtsstaates in Richtung eines ‚aktivierenden' Sozialstaats, dessen Umsetzung in Deutschland maßgeblich durch die Reformen der Agenda 2010 stattfand".

Mesoebene
Die Meso-Ebene widmet sich diesem Wandel u. a. policyanalytisch. Die Politikwissenschaft differenziert den Begriff der Politik weiter aus in *policy, polity* und *politics*. Unter den Begriff *policy* „fallen dabei die konkreten Inhalte der Politik, die materiell-inhaltlichen Fragen und Probleme, auf die mit politischen Programmen und Maßnahmen reagiert wird, aber auch die Resultate der politischen Aktivitäten in den jeweiligen Politikfeldern" (Blum und Schubert 2009: 13). Die Policy-Analyse fragt dementsprechend „nicht nur danach, was Regierungen tun *sollten*,

4 Familie und Vereinbarkeit in der Wissenschaft

sondern danach, was sie *tatsächlich* tun" (Blum und Schubert 2009: 25).⁶

Obwohl wissenschaftliche Analysen rund um die Familienpolitik natürlich auch *polity* und *politics* umfassen, haben politikfeldanalytische Betrachtungen eine hohe Bedeutung in der wissenschaftlichen Auseinandersetzung mit der Familienpolitik. Dies lässt sich u. a. dadurch erklären, dass die Familienpolitik ein Politikfeld ist, in dem – anders als in anderen sozialpolitischen Bereichen – in den letzten Jahren ein „transformativ-radikaler Policy-Wandel" (Blum 2017: 297) zu beobachten ist. Als Erklärungsansätze für Veränderungen innerhalb eines Politikfeldes nutzt die Politikfeldanalyse unterschiedliche Ansätze (z. B. Policy-Stile, Politisches Lernen, Lesson-Drawing, Social Learning und Policy-Transfers; siehe hierzu im Detail Blum und Schubert 2009: 141 ff.). Eine fundierte politikfeldanalytische Einordnung der Familienpolitik in Deutschland liefert Blum (2017). Sie verweist unter anderem darauf, dass insbesondere die Vereinbarkeit von Beruf und Familie als „neues soziales Risiko" über einen langen Zeitraum zu wenig abgesichert worden war (Blum 2017: 297). Die weitreichenden familienpolitischen Reformen, die dies änderten (v. a. das 2007 eingeführte Elterngeld) wurden ermöglicht durch „veränderte[...] familienpolitische[...] Zielvorstellungen [und]

---

⁶ Der Begriff politics hingegen „umfasst politische Prozesse, wie sie sich durch das Aufeinanderprallen unterschiedlicher Meinungen, Interessen und Ziele, aber auch durch Absprachen, gegenseitige Abstimmungen, Kooperationen und Koalitionsbildungen ergeben" (Blum und Schubert 2009, S. 14). Gemeint sind hier u. a. Prozesse der Entscheidungs- und Willensbildung von Parteien und Interessenvertretungen. „Unter polity wird schließlich der Bereich der politischen Ordnungen und Verfassungen zusammenfasst und die sich daraus ergebenden Strukturen und Institutionen, also bspw. das Parteien- oder Regierungssystem, aber auch die politische Kultur eines Landes und die darin vorherrschenden Normen und Werte" (Blum und Schubert 2009, S. 14).

eine[…] sehr viel stärkere[…] Verknüpfung mit arbeitsmarktpolitischen Motiven" (Blum 2017: 297 f.).

Mikroebene
Auf der Mikroebene untersucht die Politikwissenschaft das Zusammenspiel von politischen Institutionen und dem Handeln von Individuen. Neuere politikwissenschaftliche Arbeiten nutzen hierfür u. a. den *capability approach*. Diesem Ansatz zufolge sind Individuen in ökologische und soziale Kontexte eingebunden sind, die ihren individuellen Entscheidungsspielraum bestimmen (Sen 1992). Entsprechend kann sowohl die Bewertung als auch die Nutzung einer familienpolitischen Leistung (z. B. öffentliches Kinderbetreuungsangebot) ganz anders ausgestaltet sein – je nachdem, welche individuellen Rahmenbedingungen (u. a. Geschlecht, Alter, sozio-ökonomische Situation, individuelle Präferenzen, Gesundheitszustand) vorliegen (zum capability approach, siehe auch Nussbaum 2020; Robeyns 2005). Nach Nussbaums (2020) Verständnis verfügt jedes Individuum über individuelle Fähigkeiten, deren Umsetzung in Tätigkeiten allerdings unter Umständen (staatlicher) Unterstützung bedarf. Diese Unterstützungsleistungen können z. B. geschlechtsspezifisch variieren. Nussbaums Fähigkeitenansatz gibt anhand einer Liste zentraler menschlicher Funktionsfähigkeiten Antworten darauf, welche Rahmenbedingungen Individuen benötigen (welche Funktionsfähigkeiten also gegeben sein müssen), um ein ‚gutes Leben' führen zu können. Die Sicherstellung dieser Fähigkeiten versteht sie als zentrales Ziel staatlicher Aktivitäten. Gleichzeitig stellt sie klar, dass Individuen selbst entscheiden dürfen, ob sie die (idealerweise von staatlicher Seite sichergestellten) Fähigkeiten in Tätigkeiten umsetzen möchten, oder nicht. Daraus folgt, dass das Tätigsein von Individuen

(also z. B. deren Arbeitsmarktintegration) nicht allein das Ziel öffentlicher Politik sein sollte, da Tätigkeiten als Outcome definiert werden, wohingegen Fähigkeiten als Voraussetzung zum Ausüben der Tätigkeiten verstanden werden (siehe hierzu auch Robeyns 2005). Die Frage, ob bestimmte familienpolitische Maßnahmen also von Eltern als hilfreich befunden und daher in Anspruch genommen werden (und welche Folgen hieraus z. B. für den Erwerbsumfang gezogen werden), kann also in der Regel nicht im Vorhinein beantwortet werden, schließlich gilt, dass obwohl „family policy aims to facilitate a positive functioning for most parents, this same policy can lead to unintended negative functionings for some groups or individuals" (Javornik/Yerkes 2020: 146).

4.7 Datenbanken

Familienwissenschaftler*innen nutzen für ihre Analysen in vielen Fällen entweder selbst erhobene Daten (sogenannte *Primärdaten*) oder Daten, die der wissenschaftlichen Community oder der Öffentlichkeit zur Verfügung stehen (sogenannte *Sekundärdaten*). Insbesondere für länderübergreifende Vergleiche spielen quantitative Sekundärdaten eine große Rolle – entweder in Form von Quer- oder Längsschnittdaten. Folgende Datensätze werden regelmäßig im Rahmen von wissenschaftlichen Analysen genutzt (nicht abschließende Aufzählung) – lassen Sie sich von der Auflistung inspirieren, wenn Sie selbst eine wissenschaftliche Arbeit schreiben möchten (Tab. 4.1).

Tab. 4.1 Datenbanken für Sekundäranalysen. (Quelle: Eigene Darstellung (Stand: November 2021))

Name	Kontext	Zugang
Internationale Daten		
OECD Family Database	Aggregatdaten aus OECD-Ländern zu insgesamt 70 Indikatoren u. a. aus den Bereichen Familienstruktur, Arbeitsmarktintegration von Familien, öffentliche Leistungen für Familien	Freier Zugang unter https://www.oecd.org/els/family/database.htm oder unter https://stats.oecd.org/Index.aspx?DataSetCode=FAMILY
OECD Child Well-Being Data Portal	Aggregatdaten aus OECD-Ländern zum Wohlbefinden von Kindern zwischen 0 und 17 Jahren; Themen (u. a.): Gesundheit, Bildung, Freizeitgestaltung, Lebenszufriedenheit	Freier Zugang unter https://www.oecd.org/els/family/child-well-being/data/
EU-SILC (Community Statistics on Income and Living Conditions)	Jährliche Erhebung über die Lebensbedingungen von Privathaushalten in EU-Ländern, Quer- und Längsschnitt-Mikrodaten. Themen (u. a.): Armut, soziale Ausgrenzung, Einkommen, Wohnverhältnisse	Umfassende Daten nur für wissenschaftliche Community (Beantragung unter https://ec.europa.eu/eurostat/de/web/microdata/european-union-statistics-on-income-and-living-conditions)
Amtliche Statistik der Europäischen Union (EUROSTAT)	Beispiele: Daten zur Lebensqualität, zur Gleichstellung (nach Alter und Geschlecht), zur Bevölkerung und sozialen Bedingungen, Daten zur Einkommensverteilung etc.	Freier Zugang unter https://ec.europa.eu/eurostat/de/web/main/data/database

(Fortsetzung)

Tab. 4.1 (Fortsetzung)

Name	Kontext	Zugang
Share (Survey of Health, Ageing and Retirement in Europe)	28 europäische Länder und Israel; quantitative Längsschnittdaten von ca. 140.00 Personen im Alter von über 50 Jahren. Themen (u. a.): Gesundheit im Lebensverlauf, familiale Netzwerke, Alternsprozesse	Nur für die wissenschaftliche Community (Beantragung unter http://www.share-project.org/data-access.html)
Family Policy-Database	17 EU-Länder; Daten von 1946 bis 2000 (Aggregatdaten aus den offiziellen Statistiken der untersuchten Länder) zu familienunterstützenden Leistungen, institutionellen Regelungen und quantitativen Kennzahlen; Themen: Inanspruchnahme sozialer Dienstleistungen, Familien- und Eheleben	Nur für die wissenschaftliche Community (Beantragung unter https://search.gesis.org/research_data/ZA3474)
Generations- und Gender-Survey	Quantitative Längsschnittdaten von mehr als 200.000 Personen zwischen 18 und 79 Jahren aus 19 Ländern. Themen (u. a.): Beziehungen zwischen Frauen und Männern in einer Partnerschaft, Beziehungen zwischen Eltern und Kindern	Nur für die wissenschaftliche Community und politische Entscheidungsträger_innen (Beantragung unter https://www.ggp-i.org/data/)
International Network on Leave Policies and Research (LP&R)	qualitative und quantitative Daten; umfassender Überblick zu Elternzeit-Regelungen in 47 Ländern (Stand: September 2021) und vergleichende Analysen u. a. zu Mutterschutzregelungen	Freier Zugang unter https://www.leavenetwork.org

(Fortsetzung)

Tab. 4.1 (Fortsetzung)

Name	Kontext	Zugang
Daten für Deutschland		
Amtliche Statistik der Bundesrepublik Deutschland	Beispiele: Mikrozensus, Zensus, Amtliche Kinder- und Jugendhilfestatistik, Daten zur Kindertagesbetreuung	Zugang über https://www-genesis.destatis.de oder https://www.destatis.de (für Daten aus den Bundesländern, siehe die jeweiligen Landesstatistikämter)
Bundesinstitut für Bevölkerungsforschung	Daten aus unterschiedlichen Erhebungen zu familienpolitisch relevanten Fragen, z. B. Generations and Gender Survey, Survey Familienleitbilder (siehe https://www.bib.bund.de/DE/Forschung/Surveys/Surveys.html)	Nur für die wissenschaftliche Community (Beantragung z. B. unter https://www.ggp-i.org/und https://dbk.gesis.org/dbksearch/sdesc2.asp?no=6760&DB=d)
GESIS Leibniz-Institut für Sozialwissenschaften	Datenarchiv mit über 6.500 nationalen und internationalen Datensätzen, die für Sekundäranalysen genutzt werden können	Zugang über https://www.gesis.org/angebot/daten-finden-und-abrufen
SOEP (Soziooekonomisches Panel)	Quantitative Längsschnittdaten, die im Auftrag des DIW erhoben werden mit ca. 25.000 Befragten in fast 15.000 Haushalten; Themen (u. a.): Einkommen, Erwerbstätigkeit, Bildung oder Gesundheit; zwischen 2010 und 2012 wurde die ergänzende Sondererhebung FID (Familien in Deutschland) durchgeführt (mehr als 4.500 Haushalte). Die Fragen aus der FID-Befragung wurden anschließend z. T. in das SOEP übernommen	Nur für die wissenschaftliche Community (Beantragung unter https://www.diw.de/de/diw_01.c.601584.de/datenzugang.html)

(Fortsetzung)

Tab. 4.1 (Fortsetzung)

Name	Kontext	Zugang
Pairfam (Panel Analysis of Intimate Relationships and Family Dynamics)	Quantitative Längsschnittdaten; über 12.000 bundesweit zufällig ausgewählten Personen unterschiedlicher Geburtsjahrgänge sowie von deren Partner_innen, Eltern und Kindern. Themen (u. a.): partnerschaftliche und familiale Lebensformen; Familiengründung, Erziehungsverhalten, intergenerationale Beziehungen	Nur für die wissenschaftliche Community (Beantragung unter https://www.pairfam.de/daten/datenzugang/)
Forschungsdatenzentrum Qualiservice an der Universität Bremen	Qualitative Daten aus unterschiedlichen Forschungsprojekten, die teilweise für Sekundäranalysen zur Verfügung gestellt werden. Einen Überblick bietet die Seite https://www.qualiservice.org/de/daten-services/datenbestand.html	Nur für die wissenschaftliche Community (Beantragung unter https://www.qualiservice.org/de/daten-nutzen.html)
DJI-Survey AID:A (Aufwachsen in Deutschland: Alltagswelten)	Quantitative Längsschnittdaten von Kindern, Jugendlichen, jungen Erwachsenen und Eltern (rund 6000 Haushalte). Themen (u. a.): alltägliche Lebensbedingungen, Bildungs- und Freizeitverhalten, Familienstrukturen	Nur für die wissenschaftliche Community (Beantragung unter https://surveys.dji.de)
DJI-Kinder-Panel	Prospektiven Längsschnittstudie mit zwei bundesweit repräsentativen Kohortenstichproben unter Fünfjährigen und Achtjährigen (ca. 1100 Interviews mit Müttern, Vätern und deren Kindern); Themen (u. a.): Freundschaften und Kontakte der Kinder, Erziehungsstile, Interessen des Kindes, Betreuungssituation	Nur für die wissenschaftliche Community (Beantragung unter https://surveys.dji.de/)

4.8 Weiterführende Literatur (nach Disziplinen)

Wenn Sie sich näher mit den in diesem Kapitel vorgestellten wissenschaftlichen Perspektiven auf Familie beschäftigen möchten, empfehle ich folgende Publikationen:

Weiterführende Literatur Familiensoziologie:
Huinink, Johannes (2006): Zur Positionsbestimmung der empirischen Familiensoziologie. Zeitschrift für Familienforschung 2: 212–252.
Nave-Herz, Rosemarie (2015): Familie heute, 6. Auflage. Darmstadt: WBG/Primus Verlag.
Weiterführende Literatur Familienethnologie:
Alber, Erdmute; Beer, Bettina; Pauli, Julia; Schnegg, Michael (2010): Verwandtschaft heute. Positionen, Ergebnisse und Perspektiven. Berlin: Reimer.
Weiterführende Literatur Familienpsychologie:
Schneewind, Klaus A. (2010): Familienpsychologie. 3. Auflage. Stuttgart: Verlag W. Kohlhammer.
Weiterführende Literatur Familie in der Erziehungswissenschaft:
Ecarius, Jutta; Schierbaum, Anja (2022): Handbuch Familie. Gesellschaft, Familienbeziehungen und differentielle Felder. Wiesbaden: Springer VS.
Schmid, Michaela (2016): Familienerziehung und Familienbildung. In: Hoffmann-Ocon, Andreas; Matthes, Eva; Schlüter, Steffen (Hrsg.): Enzyklopädie Erziehungswissenschaft Online: Historische Pädagogik/Historische Bildungsforschung. Weinheim und Basel: Beltz Juventa.

Weiterführende Literatur Familienökonomik:
Browning, Martin; Chiappori, Pierre-André; Weiss, Yoram (2014): Economics of the Family. New York: Cambridge University Press.

Ott, Notburga (1995): Fertility and Division of Work in the Family – A game theoretic model of household decisions. In: Kuiper, E.; Sap, J. (Hrsg.): Out of the Margin. Feminist Perspectives on economics. S. 80–99. London: Routledge.

Weiterführende Literatur Politikwissenschaft:
Gerlach, Irene (2010): Familienpolitik. Lehrbuch. Wiesbaden: VS Verlag.

Blum, Sonja (2017): Familienpolitik. In: Reiter, R. (Hrsg.): Sozialpolitik aus politikfeldanalytischer Perspektive. Eine Einführung. Wiesbaden: Springer VS, S. 297–340.

4.9 Zusammenfassung

Unterschiedliche wissenschaftliche Disziplinen beschäftigen sich mit dem Thema Familie und verwenden hierfür diverse theoretische Ansätze. Neben der Soziologie, der Ethnologie, der Psychologie, den Erziehungswissenschaften und den Wirtschaftswissenschaften liefert auch die Politikwissenschaft interessante Erkenntnisse. Ihr Fokus liegt dabei u. a. auf der Inanspruchnahme familienpolitischer Leistungen, dem Zusammenspiel familienpolitischer Akteure und der (Weiter-)Entwicklung und Ausgestaltung von familienpolitischen Maßnahmen (Policy-Analyse) sowie auf dem Transfer von familienpolitischen Ideen und Leistungen von einem Land zum anderen (vergleichende Wohlfahrtsstaatsforschung). Zentrale Ergebnisse aus diesem letzten Bereich stellt das Kap. 5 vor.

Aufgaben zum Kap. 4:

1) *Recherchieren Sie online, für welche Länder EU-SILC-Daten frei verfügbar sind.*
2) *Was meinen Sie: Profitieren eher Männer oder eher Frauen von einem de-kommodifizierenden Wohlfahrtsstaat?*

5

Familien- und Vereinbarkeitspolitik im internationalen Vergleich

Zusammenfassung In diesem Kapitel lernen Sie Input- und Outcome-Variablen von Familienpolitik kennen, indem Sie empirische Daten ausgewählter Länder vergleichen, um so die Situation von Familien und Familienpolitik im internationalen Vergleich kritisch zu reflektieren zu können.

Seit den 2000er Jahren haben wie bereits erwähnt im familien- und vereinbarkeitspolitischen Diskurs internationale Vergleiche an Bedeutung gewonnen. Für diese Vergleiche werden vor allem Daten herangezogen, die vom

Ergänzende Information Die elektronische Version dieses Kapitels enthält Zusatzmaterial, auf das über folgenden Link zugegriffen werden kann https://doi.org/10.1007/978-3-658-37149-4_5.

Statistischen Amt der Europäischen Union (Eurostat) oder von internationalen Organisationen wie der Organisation für wirtschaftliche Zusammenarbeit und Entwicklung (OECD) erhoben und z. B. im Rahmen der OECD Family Database zur Verfügung gestellt werden (siehe Abschn. 4.7). In diesem Kapitel sollen empirische Befunde aus ausgewählten Ländern beispielhaft vorgestellt werden. Der Fokus liegt dabei auf Daten aus der OECD Family Database. Im Abschn. 5.1 geht es dabei zunächst darum, die Rahmenbedingungen von Familien im internationalen Vergleich darzustellen: Welche Unterschiede gibt es hinsichtlich der Familienstruktur, der zusammengefassten Geburtenziffer etc.? Der Abschn. 5.2 rückt im Anschluss daran familienpolitisch relevante Input-Variablen in den Vordergrund. Hier geht es u. a. um die Frage, wie hoch die Ausgaben für familienpolitische Maßnahmen im Ländervergleich insgesamt sind und wie sich diese Ausgaben verteilen. Abschn. 5.3 liefert schließlich einen Überblick darüber, wie der familienpolitische Outcome im internationalen Vergleich zu bewerten ist. Hier kommen Kennzahlen wie die Müttererwerbstätigkeit, die Kinderbetreuungsquote und Kennzahlen zur partnerschaftlichen Arbeitsteilung zur Sprache. Hierauf aufbauend verdeutlichen die Ausführungen im Abschn. 5.4 die Herausforderungen im Umgang mit den Daten, bevor im Abschn. 5.5 ausgewählte Studien vorgestellt werden, die Erklärungsansätze für die Unterschiede und Gemeinsamkeiten der familienpolitischen Systeme liefern. Ziel dieser Vorgehensweise ist es auch, Ihnen (aufbauend auf den theoretischen Erkenntnissen aus dem Kap. 4) den kritischen Umgang mit empirischen Daten und deren Einordnung in den theoretischen Kontext zu ermöglichen.

5.1 Familiestruktur im internationalen Vergleich

Die OECD-Daten zeigen, dass die Haushaltsgröße sich im Ländervergleich stark unterscheidet: Während im Jahr 2015 in der Slowakei im Durchschnitt 2,8 Personen in einem Haushalt zusammenlebten, waren es in Schweden lediglich 1,8 Personen. Der EU-Durchschnitt lag bei 2,36 Personen. Deutschland rangiert mit einer durchschnittlichen Haushaltsgröße von zwei Personen auf dem vorletzten Platz, allerdings mit relativ großem Abstand zu Schweden. Wenn Kinder im Haushalt leben, erhöht sich die Anzahl der Personen im Haushalt natürlich. In Finnland sind Paarhaushalte mit Kindern mit durchschnittlich 4,9 Personen am größten, in Portugal und Bulgarien mit durchschnittlich 3,5 Personen am kleinsten. Deutschland nimmt mit durchschnittlich 3,7 Personen einen Platz im Mittelfeld ein (Abb. 5.1).

Der weitaus größte Anteil der Kinder (0 bis 17 Jahre) wächst bei beiden Elternteilen auf – allerdings sind diese

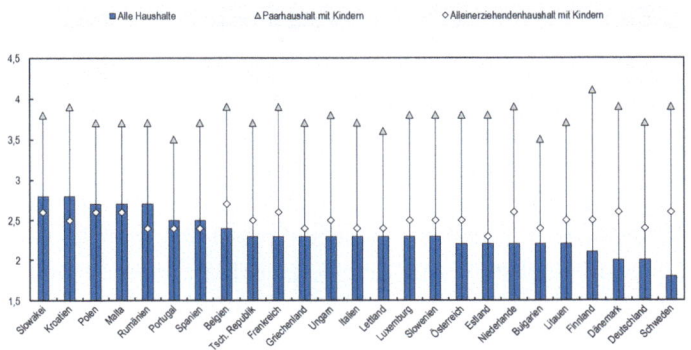

Abb. 5.1 Durchschnittliche Haushaltsgröße nach Haushaltstyp (2015). (Quelle: Eigene Darstellung, basierend auf OECD (o. J. b))

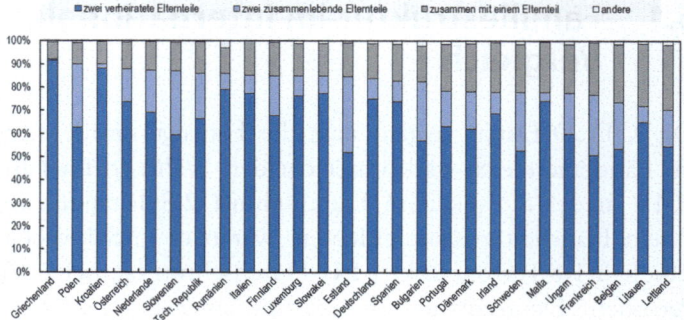

Abb. 5.2 Zusammenleben von Eltern und Kindern (2018)[1]. (Quelle: Eigene Darstellung, basierend auf OECD (o. J. a))

nicht immer verheiratet. Vor allem in Griechenland und Kroatien dominieren hingegen die verheirateten Elternteile. Lediglich 0,5 % (Griechenland) bzw. 2 % (Kroatien) der Kinder leben mit zwei Elternteilen zusammen, die nicht verheiratet sind. Die Quote derjenigen, die mit nur einem Elternteil zusammenleben, liegt in den beiden Ländern bei 7,4 % (Griechenland) und 9,5 % (Kroatien) und damit ebenfalls weit unter dem Durchschnitt. In Frankreich, Belgien, Litauen und Lettland ist hingegen der Anteil der Kinder, die mit nur einem Elternteil leben, am höchsten. Für Deutschland zeigt sich ein im Vergleich geringer Anteil an Kindern, die mit nicht-verheirateten Eltern zusammenleben. Bei dem Anteil der Kinder, die bei nur einem Elternteil aufwachsen, liegt Deutschland mit knapp 15 % im europäischen Mittelfeld (Abb. 5.2).

Im Jahr 2019 lag in Frankreich die zusammengefasste Geburtenziffer mit 1,83 Kindern pro Frau im EU-Vergleich am höchsten. Auf dem letzten Platz landete Malta mit nur 1,14 Kindern pro Frau. Deutschland liegt mit

---

[1] Daten für Frankreich, Ungarn, Luxemburg und die Slowakei aus 2017.

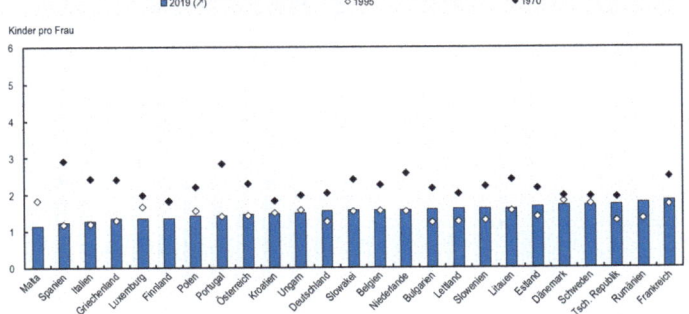

Abb. 5.3 Zusammengefasste Geburtenziffer (1970, 1995 und 2019). (Quelle: Eigene Darstellung, basierend auf OECD (o. J. c))

1,54 Kinder im Mittelfeld. Interessant ist an dieser Abbildung auch der zeitliche Verlauf: Während in Ländern wie Dänemark und Schweden die zusammengefasste Geburtenziffer seit den 1970er Jahren nahezu konstant blieb, kam es in Ländern wie Spanien, Portugal und den Niederlanden zwischen 1970 und 1995 zwar zu einem drastischen Absinken der zusammengefassten Geburtenziffer, seither blieb sie aber nahezu konstant. In anderen Ländern wiederum (z. B. Deutschland, Bulgarien, Lettland, Slowenien, Estland) sank die zusammengefasste Geburtenziffer zwischen 1970 und 1995 deutlich und erreichte in 2019 ein höheres Niveau als Mitte der 1990er Jahre. Die größten Schwankungen der zusammengefassten Geburtenziffer im beobachteten Zeitraum gab es in Spanien und Portugal (Abb. 5.3).

Parallel zur sinkenden Anzahl an Geburten erhöhte sich in allen EU-Ländern das Alter der Mutter bei der Geburt des ersten Kindes. In den meisten Ländern stieg das Durchschnittsalter der Mutter zwischen 1970 und 2019 kontinuierlich an. In 2019 waren Mütter in Bulgarien (27,8 Jahre) und Rumänien (28,1 Jahre) bei

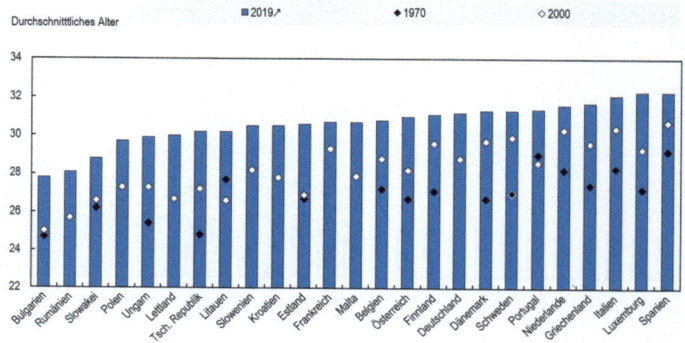

Abb. 5.4 Durchschnittliches Alter der Mutter bei der Geburt des ersten Kindes (1970, 2000, 2019). (Quelle: Eigene Darstellung, basierend auf OECD (o. J. d))

der Geburt des ersten Kindes am jüngsten, in Luxemburg und Spanien (beide 32,3 Jahre) am ältesten. Mütter in Deutschland waren bei der ersten Geburt durchschnittlich 31,2 Jahre alt – im Jahr 2000 lag dieser Wert noch bei 28,8 Jahren. Die Daten verdeutlichen darüber hinaus, dass in einigen Ländern das Durchschnittsalter zwischen 1970 und 2019 kontinuierlich gestiegen ist (z. B. Tschechische Republik, Finnland, Dänemark, Niederlande, Italien), während in anderen das Durchschnittsalter zwischen 1970 und 2000 zunächst nahezu konstant blieb, seither aber deutlich stieg (z. B. in Bulgarien, der Slowakei, Estland und Portugal) (Abb. 5.4).

5.2 Familien- und vereinbarkeitspolitischer Input

Öffentliche Ausgaben
Die folgende Abb. 5.5 zeigt, wie viel Geld die einzelnen Staaten für familienbezogene Leistungen ausgeben. In

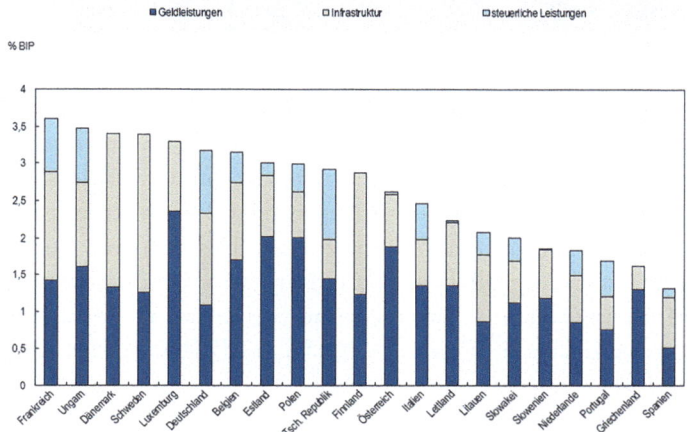

Abb. 5.5 Öffentliche Ausgaben für familienbezogene Leistungen (in % des BIP; 2017)[2]. (Quelle: Eigene Darstellung, basierend auf OECD (o. J. n))

die Berechnung fließen ausschließlich Leistungen ein, die sich explizit an Familien oder Kinder richten. Leistungen, die (neben anderen Bevölkerungsgruppen) *auch* Familien zugutekommen, wie zum Beispiel das Wohngeld, finden hier keine Berücksichtigung. Der Überblick zeigt, dass die Höhe der Leistungen (gemessen in Prozent des BIP) in den europäischen Ländern sehr unterschiedlich ausfällt: Während Frankreich 3,6 % seines BIP für familienbezogene Leistungen ausgibt, sind es in Spanien lediglich 1,3 % des BIP. Deutschland liegt mit familienbezogenen Ausgaben in Höhe von knapp 3,2 % des BIP im oberen Mittelfeld. Neben der Gesamthöhe der Ausgaben ist allerdings auch die Aufteilung der Leistungen relevant. Die OECD-Daten unterscheiden dabei zwischen

---

[2] Die Daten für Polen wurden von der OECD geschätzt.

Geldleistungen (z. B. Kindergeld, Elterngeld), infrastrukturellen Ausgaben (z. B. für öffentlich geförderte Kinderbetreuungseinrichtungen, familienunterstützende Dienstleistungen) und steuerlichen Leistungen (z. B. Kinderfreibetrag). In Deutschland, Belgien und Frankreich beispielsweise ist der Anteil der Steuertransfers an den familienbezogenen Leistungen relativ hoch. Insgesamt zeichnet sich die Familienpolitik in Deutschland durch eine recht ausgeglichene Verteilung von Geldleistungen, infrastrukturellen Leistungen und Steuertransfers aus. Mit Steuertransfers in Höhe von 0,8 % des BIP wird Deutschland allerdings im europäischen Vergleich nur noch von der Tschechischen Republik (mit 0,9 % des BIP) übertroffen. Bei den nordeuropäischen Ländern fällt auf, dass sie hauptsächlich in familienbezogene Infrastruktur investieren und Familien nicht über Steuerleistungen unterstützen. Der Anteil der Geldleistungen ist in Luxemburg mit 2,3 % des BIP mit Abstand am höchsten.

Für frühkindliche Bildung und Betreuung geben die Länder ebenfalls unterschiedlich viel aus (OECD o. J. m). In den nordeuropäischen Ländern waren die Ausgaben besonders hoch, in Schweden lagen sie beispielsweise in 2015 bei 1,6 % des BIP, in Dänemark bei 1,2 % des BIP und in Finnland bei 1,1 % des BIP. Deutschland nimmt mit 0,6 % des BIP einen Platz im hinteren Mittelfeld ein. Am wenigsten Geld für frühkindliche Bildung und Betreuung gaben in 2015 Rumänien, die Tschechische Republik und Portugal aus (jeweils 0,4 % des BIP).

Freistellung von Müttern und Vätern
Eine weitere in vergleichenden Analysen häufig untersuchte Kennzahl bezieht sich auf Regelungen rund um familienbedingte Auszeiten. Diese Auszeiten können entweder für beide Elternteile gelten *(parental leave)* oder exklusiv für die Mutter (im Sinne eines Mutterschutzes –

maternity leave) oder den Vater *(paternity leave)* reserviert sein. Die Daten der OECD Family Database (OECD o. J. l) von 2018 zeigen, dass die Ausgaben hierfür sich deutlich unterscheiden und in Luxemburg und den nordeuropäischen Ländern am höchsten sind. Zwar bieten alle EU-Länder einen bezahlten Mutterschutz an, die Dauer und die Höhe der Leistung unterscheidet sich aber deutlich. In Portugal beispielsweise dauert der Mutterschutz lediglich sechs Wochen, in Bulgarien hingegen 58 Wochen. Allerdings können Mütter in der Regel über den Mutterschutz hinaus noch länger eine bezahlte Auszeit nehmen (sog. *paid parental leave*), in Bulgarien beispielsweise rund 52 Wochen, in Portugal gut 24 Wochen. In den meisten Ländern erhalten Mütter jedoch während des Mutterschutzes deutlich höhere Geldleistungen (teilweise 100 % des vorherigen Einkommens), während die Ersatzrate während der bezahlten Elternzeit meist deutlich niedriger ist. In Frankreich dauert der Mutterschutz *(congé maternel)* beispielsweise 16 Wochen, in dieser Zeit erhalten Mütter ein Mutterschaftsgeld *(indemnité journalière maternité)* in Höhe von 90,4 % ihres vorherigen Einkommens. Darüber hinaus können sie sich zwar noch bis zu 26 Wochen lang von der Arbeit freistellen lassen *(congé parental d'éducation)*, in dieser Zeit werden ihnen allerdings lediglich 13,7 % ihres vorherigen Einkommens ersetzt *(prestation partagée d'éducation de l'enfant)*. In Deutschland liegt der Einkommensersatz für Mütter während des Mutterschutzes (14 Wochen) bei 100 %, im Rahmen der Elternzeit erhalten sie allerdings lediglich 65 % ihres vorherigen Einkommens als Elterngeld. Litauen ersetzt Müttern als einziges EU-Land sowohl während des Mutterschutzes (18 Wochen) als auch während der bezahlten Elternzeit (44 Wochen) 100 % ihres Einkommens. Einige Länder gewähren auch Vätern eine bezahlte Auszeit, häufig im Rahmen eines *parental leave,* bei dem ein bestimmter Anteil für den Vater reserviert ist. Darüber hinaus erhalten Väter u. a. in den nordeuropäischen Ländern eine dem Mutterschutz ähnliche exklusive Auszeit rund um die Geburt eines Kindes. In Schweden dauert dieser *paternity leave* 1,4 Wochen, in Dänemark zwei und in Finnland drei Wochen. Spitzenreiter in der EU sind Spanien und Slowenien mit 4,3 Wochen sowie Portugal mit 5 Wochen. In Deutschland existiert aktuell keine bezahlte Freistellung exklusiv für Väter.[3] Im Rahmen der Elternzeit sind allerdings zwei Monate für Väter (bzw. das zweite Elternteil) reserviert (Abb. 5.6).

5.3 Familien- und vereinbarkeitspolitische Outcomes

Arbeitsmarkt und Gleichstellung
Im europäischen Vergleich rangiert Deutschland bei der Müttererwerbstätigkeit im Mittelfeld. Auffällig ist allerdings – ähnlich wie in den Niederlanden und in Österreich – der vergleichsweise hohe Anteil an teilzeitbeschäftigten Müttern (weniger als 30 Wochenstunden). In Deutschland waren im Jahr 2019 73,2 % der Mütter mit Kindern von 0 bis 14 Jahren erwerbstätig, davon etwas mehr als die Hälfte (37,5 %) in Teilzeit – nur 9,3 % der Männer gingen hingegen einer Teilzeitbeschäftigung nach (OECD o. J. h). Österreich kommt auf ein ähnliches Vollzeit-Teilzeit-Verhältnis: Insgesamt waren in 2019 77,6 % der Mütter mit Kindern unter 14 Jahren erwerbstätig,

---

[3] Die Ampelkoalition hat dies allerdings im Koalitionsvertrag festgeschrieben.

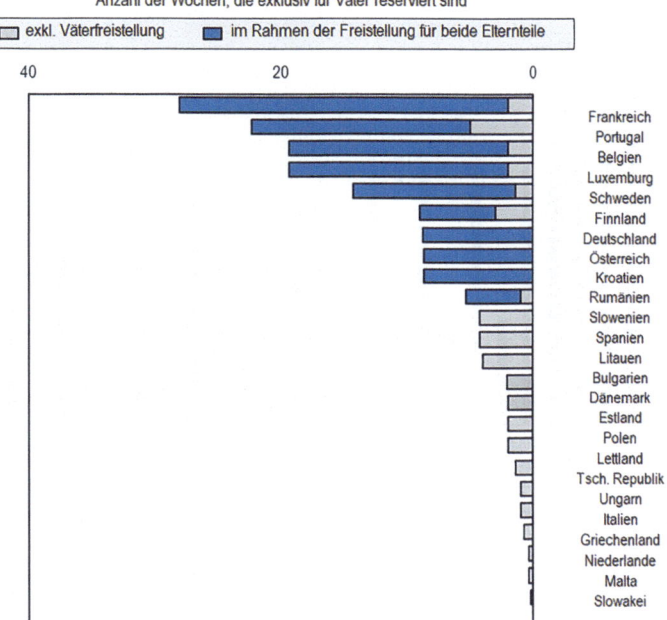

Abb. 5.6 Dauer der bezahlten Auszeit für Väter. (Quelle: Eigene Darstellung, basierend auf OECD (o. J. l))

die Teilzeitquote lag bei 41,8 %. In den Niederlanden sind sogar 62,4 % der erwerbstätigen Mütter in Teilzeit beschäftigt, lediglich 37,6 % in Vollzeit. Slowenien, Schweden, Portugal, Dänemark und Litauen weisen hingegen nicht nur hohe Müttererwerbstätigkeitsquoten auf, sondern auch einen hohen Vollzeitanteil. In Bulgarien, Polen und Rumänien ist die Müttererwerbstätigkeit zwar insgesamt geringer, allerdings arbeitet der weitaus größte Anteil der Mütter in Vollzeit. Die südosteuropäischen Länder wie Ungarn, die Slowakei, und Griechenland sind bei der Müttererwerbstätigkeit weit abgeschlagen, das Schlusslicht bildet Italien mit einer Müttererwerbstätigkeitsquote von 57,5 % (Abb. 5.7).

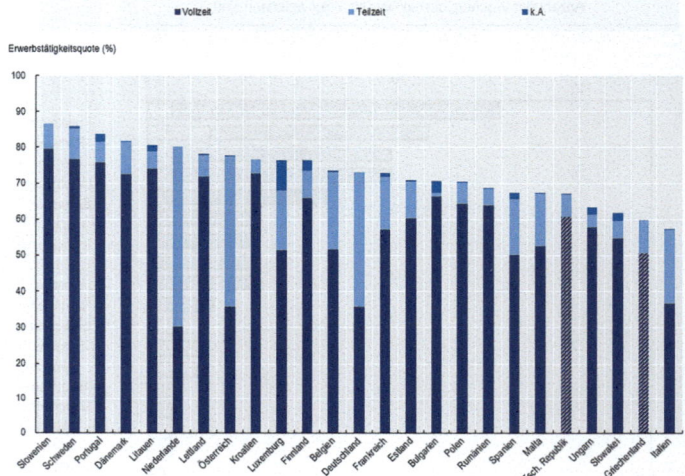

Abb. 5.7 Müttererwerbstätigkeitsquote (15- bis 64-Jährige, Kinder zwischen 0 und 14 Jahre) nach Erwerbsstatus in %, 2019[4]. (Quelle: Eigene Darstellung, basierend auf OECD (o. J. k))

In fast allen europäischen Ländern liegt die Erwerbstätigkeitsquote von Frauen – unabhängig davon, ob sie Kinder unter 14 Jahren haben oder nicht – unter der Quote von Männern. In vielen Ländern (darunter auch in Deutschland) liegen die Erwerbstätigkeitsquoten von Männern und Frauen zwischen 20 und 24 Jahren (fast) gleichauf. Während sie bei den Männern weiter ansteigt und bis kurz vor Renteneintrittsalter auf einem hohen Niveau verbleibt, zeigt sich bei den Frauen ein anderer

---

[4] Teilzeit-Erwerbstätigkeit ist definiert als Erwerbstätigkeit mit einem Umfang von durchschnittlich weniger als 30 Wochenstunden. Vollzeit-Erwerbstätigkeit bedeutet, dass durchschnittlich mehr als 30 Wochenstunden gearbeitet wird. In manchen Ländern unterscheiden sich die Definitionen von Vollzeit- und Teilzeit-Erwerbstätigkeit jedoch. In manchen Ländern können die Befragten auch angeben, dass sie keine festgelegte Arbeitszeit haben.

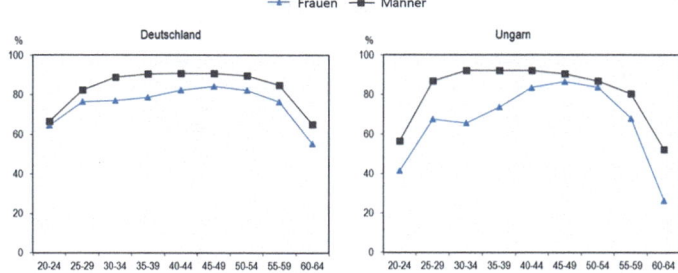

Abb. 5.8 Erwerbstätigkeit in Deutschland und Ungarn (in %, nach Geschlecht und Altersgruppe), 2018. (Quelle: OECD (o. J. f))

Verlauf: In vielen Ländern stagniert die Erwerbstätigkeitsquote ab der Lebensphase, in die die Geburt des ersten Kindes fällt (z. B. 25–29 Jahre) oder steigt weniger stark an als bei den Männern. In Deutschland und Ungarn zeigt sich sogar ein „Knick" bei der Frauenerwerbstätigkeit rund um das Durchschnittsalter bei der Geburt des ersten Kindes (Abb. 5.8):

In anderen Ländern, wie beispielsweise in Griechenland und in Italien, lassen sich die niedrigen Müttererwerbstätigkeitsquoten (siehe oben) u. a. dadurch erklären, dass Frauen kontinuierlich weniger häufig erwerbstätig sind als Männer. Ein „Knick" rund um das Durchschnittsalter bei der Geburt des ersten Kindes lässt sich hier jedoch nicht erkennen (Abb. 5.9).

Neben der geschlechtsspezifischen Erwerbstätigkeitsquote werden familienpolitische Outcomes allerdings auch daran bemessen, wie die Familienarbeit unter den Partner*innen aufgeteilt wird. Dabei zeigt sich, dass (bezahlte) familienbedingte Auszeiten (wie beispielsweise das Elterngeld in Deutschland) deutlich häufiger von Frauen in Anspruch genommen werden als von Männern. In Schweden und Portugal ist der geschlechterspezifische Unterschied mit 45,3 % (Schweden) und 44,8 %

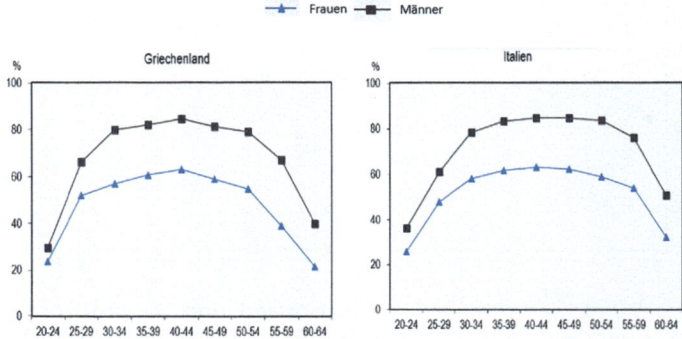

Abb. 5.9 Erwerbstätigkeit in Griechenland und Italien (in % nach Geschlecht und Altersgruppe), 2018. (Quelle: OECD (o. J. f))

(Portugal) am geringsten ausgeprägt. In Frankreich (4,4 %), Österreich (4,2 %), der Tschechischen Republik (1,9 %) und Polen (1,1 %) war der Anteil der Männer, die eine bezahlte kindbezogene Auszeit in Anspruch nahmen allerdings verschwindend gering. Obwohl in Deutschland seit der Einführung des Elterngeldes (2007) deutlich mehr Männer von *parental leave*-Regelungen Gebrauch machen als zuvor, so ist die Dauer des Elterngeldbezugs bzw. der Elternzeit von Männern relativ gering: Für im Jahr 2018 geborene Kinder bezogen Väter durchschnittlich 3,3 Monate Elterngeld – bei den Müttern waren es im Durchschnitt 13,6 Monate (Statistisches Bundesamt o. J.). Daten zum Verhältnis der Elterngeld-Bezugsdauer von Männern und Frauen liefert Deutschland im Rahmen der OECD Family-Database allerdings – im Gegensatz zu den nordeuropäischen Ländern – nicht. In Schweden nahmen Männer in 2016 28,2 % aller Elternzeit-Tage in Anspruch OECD (o. J. p) (Abb. 5.10).

Aber auch über die ersten Lebensmonate des Kindes hinaus ist eine geschlechtsspezifische Verteilung bei der Care-Arbeit zu beobachten. Männer geben deutlich

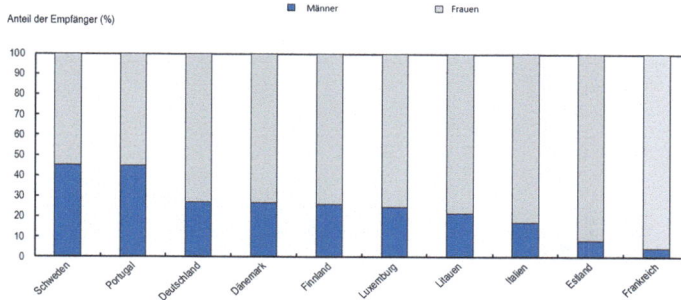

Abb. 5.10 Geschlechtsspezifische Aufteilung bezahlter kindbezogener Auszeiten, 2016[5]. (Quelle: Eigene Darstellung, basierend auf OECD (o. J. p))

seltener als Frauen an, Zeit mit Haushalts- und Kinderbetreuungsaufgaben zu verbringen. Während beispielsweise in Deutschland Frauen ohne Kinder 2,6 %, Frauen mit einem Kind 14,4 % und Frauen mit zwei Kindern 21,2 % ihrer Zeit mit Care-Arbeit verbrachten, waren es bei den Männern ohne Kinder lediglich 1,2 %, bei den Männern mit einem Kind 5,9 % und bei den Männern mit zwei Kindern 8,4 % der Zeit. Im Ländervergleich wenden in Deutschland v. a. Mütter mit zwei oder mehr Kindern deutlich mehr Zeit für Familie und Haushalt auf, als in anderen Ländern. In allen Ländern verbringen jedoch Frauen – unabhängig vom Vorhandensein bzw. der Anzahl der Kinder – mehr Zeit mit Care-Arbeit als Männer, wie die Abb. 5.11 zeigt.

Die unterschiedliche Aufteilung der bezahlten Erwerbsarbeit und der unbezahlten Familienarbeit zwischen Frauen und Männern sind auch ein Teil der Begründung, weshalb Männer und Frauen unterschiedliche Erwerbseinkommen erzielen (sog. *gender pay gap*, siehe Abschn. 2.2).

---

[5] Daten für Deutschland aus 2015.

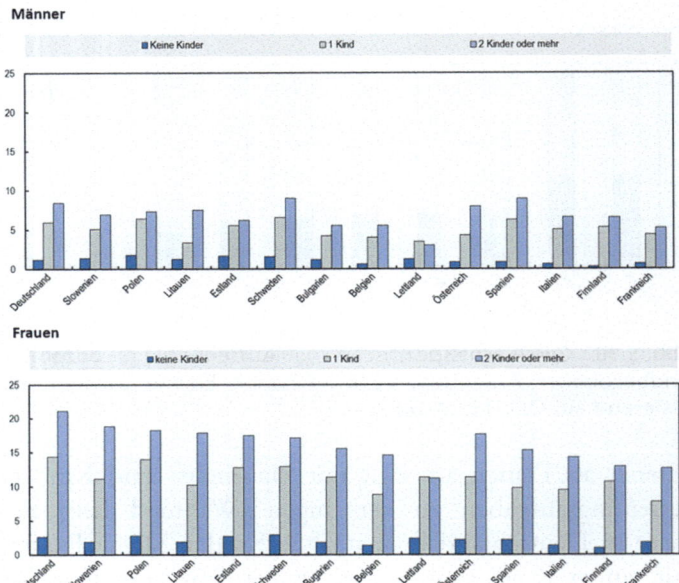

Abb. 5.11 Geschlechtsspezifische Zeitverwendung für Care-Arbeit (in %), nach Anzahl der nicht-schulpflichtigen Kinder[6], 25- bis 44-Jährige, 1999–2010[7]. (Quelle: Eigene Darstellung, basierend auf OECD (o. J. o))

Der unbereinigte *gender pay gap* lag 2018 in Deutschland bei 15,3 % und damit direkt hinter der Slowakei, Lettland und Estland. Allerdings ist die geschlechtsspezifische Lohnlücke in Deutschland ist seit 2002 kontinuierlich (von 19,1 % über 16,7 % in 2010) gesunken. Auch in den meisten anderen EU-Ländern ist eine solche Änderung festzustellen, am drastischen in Rumänien, wo der *gender*

---

[6] In der Regel unter sieben Jahre.
[7] Daten für Estland: 2000, Slowenien und Schweden: 2001, Deutschland: 2002, Lettland und Litauen: 2003, Polen: 2004, Belgien: 2006, Italien: 2008, Österreich: 2008/2009, Finnland: 2009, Frankreich und Spanien: 2009/2010.

5 Familien- und Vereinbarkeitspolitik ...

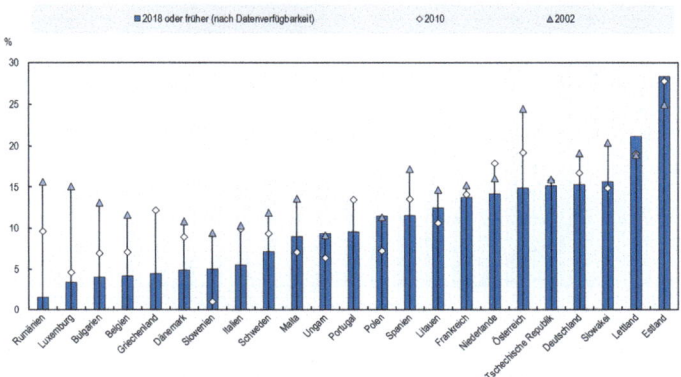

Abb. 5.12 Gender Pay Gap (Median-Einkommen; Vollzeitbeschäftigte), 2002–2018. (Quelle: Eigene Darstellung, basierend auf OECD (o. J. i))

pay gap 2002 noch bei 15,6 % lag und bis 2018 auf 1,5 % gesunken war. In osteuropäischen Ländern wie Ungarn, Polen, Lettland und Estland hat sich der *gender pay gap* allerdings im Zeitverlauf vergrößert. Estland wies in 2018 den mit 28,3 % den höchsten *gender pay gap* in der EU auf (Abb. 5.12).

Kinder
Weitere Daten, die familienpolitische Outcomes verdeutlichen, sind zum Beispiel die Kinderbetreuungsquote und die Kinderarmutsquote.

Die höchsten Kinderbetreuungsquoten bei den 0- bis 2-Jährigen erreichen die Niederlande (65,5 %), Luxemburg (60,7 %) und Frankreich (60,4 %). In der Tschechischen Republik und in der Slowakei sind lediglich 7,4 % bzw. 6,6 % der 0- bis 2-Jährigen in einer öffentlichen Kinderbetreuungseinrichtung untergebracht. Deutschland liegt mit 37,7 % im europäischen Mittelfeld (Abb. 5.13).

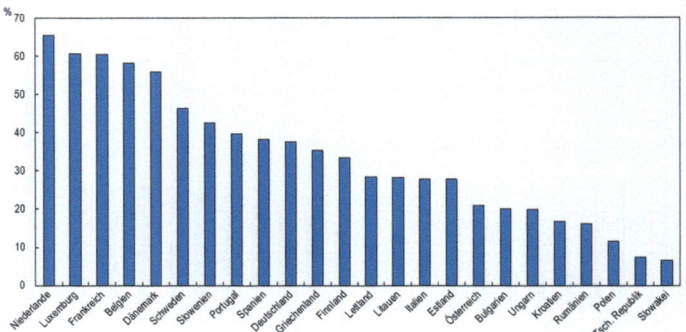

Abb. 5.13 Kinderbetreuungsquote (0- bis 2-Jährige; in %), 2019. (Quelle: Eigene Darstellung, basierend auf OECD (o. J. g))

Während in den Niederlanden also mit knapp zwei Dritteln der Anteil der 0- bis 2-jährigen Kinder, die außerhalb der Familie betreut werden, im EU-Vergleich am höchsten ist, ist die Dauer dieser Betreuung im internationalen Vergleich sehr gering: Im Jahr 2019 betrug sie 17,1 Stunden im Wochendurchschnitt. In den meisten Ländern lag sie zwischen 30 und 35 Wochenstunden. In Lettland und Polen wurden 0- bis 2-jährige Kinder mit 38,7 Wochenstunden bzw. 38,6 Wochenstunden am längsten betreut (Abb. 5.14).

Informelle Netzwerke zur Kinderbetreuung (innerhalb von Familie, Freundeskreis oder Nachbarschaft) haben in den EU-Ländern eine unterschiedlich starke Bedeutung. Es fällt auf, dass die informelle Betreuungsquote in den nordeuropäischen Ländern am geringsten ist. Während beispielsweise in Rumänien mehr als die Hälfte der unter sechsjährigen Kinder informell, also z. B. von Großeltern, Freunden oder Nachbarn (unbezahlt) betreut werden, sind dies in Schweden und Dänemark weniger als 1 % der Kinder. Auch in Deutschland ist die informelle Betreuungsquote mit 8,7 % für die 0- bis 2-Jährigen und 13 % für die 3- bis 5-Jährigen im Vergleich gering (Abb. 5.15).

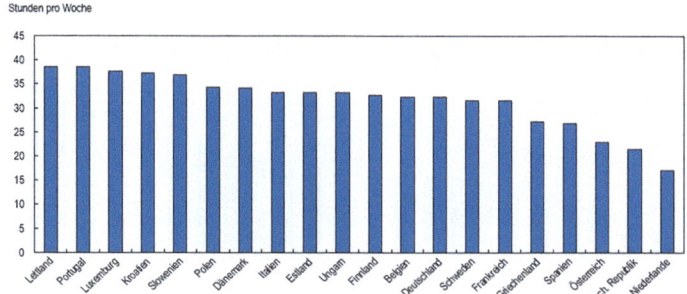

Abb. 5.14 Durchschnittliche Betreuungsdauer in Wochenstunden (0- bis 2-Jährige, 2019)[8]. (Quelle: Eigene Darstellung, basierend auf OECD (o. J. g))

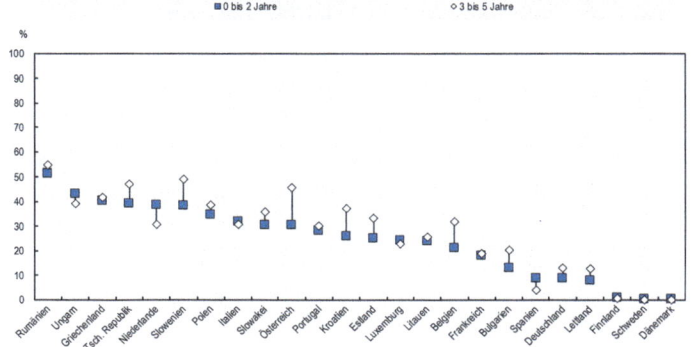

Abb. 5.15 Nutzung informeller Kinderbetreuung, nach Alter der Kinder (in %, 2019). (Quelle: Eigene Darstellung, basierend auf OECD (o. J. j))

Die Daten der OECD Family Database zeigen darüber hinaus, dass in den meisten EU-Ländern die Kinderarmutsquote höher ist als die Armutsquote der Gesamtbevölkerung. Ausnahmen bilden Finnland, Dänemark,

---

[8] Daten für Ungarn: 2017, Kroatien und Tschechische Republik: 2018.

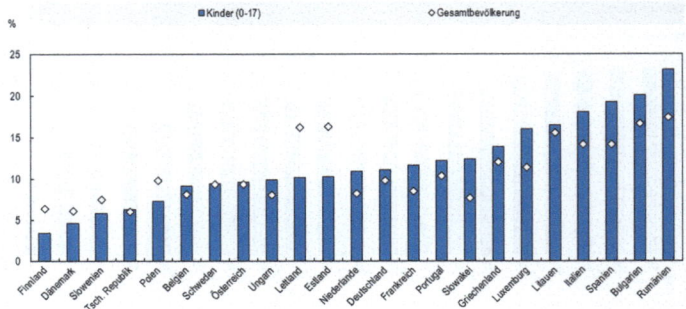

Abb. 5.16 Relative Einkommensarmut in % (Gesamtbevölkerung und Kinder zwischen 0 und 17 Jahren), 2018[9]. (Quelle: Eigene Darstellung, basierend auf OECD (o. J. e))

Schweden, Polen sowie Estland und Lettland. In Belgien, Schweden, Österreich und Deutschland besteht ein verhältnismäßig geringer Unterschied zwischen der Armutsquote bei Kindern und in der Gesamtbevölkerung. Die niedrigste Kinderarmutsquote verzeichnet Finnland mit 3,5 %. In Rumänien liegt die Kinderarmutsquote bei 23,1 %. Deutschland rangiert mit einer Kinderarmutsquote von 11,1 % im Mittelfeld (Abb. 5.16).

5.4 Herausforderungen im Umgang mit den Daten

In den letzten Jahren hat die steigende Datenverfügbarkeit, u. a. durch die OECD Family Database[10], zwar dazu geführt, dass die vergleichende Familienpolitikforschung

---

[9] Daten für Lettland und Schweden: 2019, Dänemark: 2017, Niederlande: 2016.

[10] Zur Entstehung und zur Struktur der OECD Family Database siehe auch Adema et al. (2009).

weiter vorangeschritten ist. Javornik/Yerkes (2020) bemängeln jedoch, dass vergleichende empirische Familienpolitik-Analysen zumeist politische „Standardmaßnahmen" einbeziehen, die auf heterosexuelle Doppelverdiener-Paare ausgerichtet sind. Die OECD Family Database umfasst zudem zwar insgesamt 70 Indikatoren (Stand: September 2021) – allerdings keine, die sich auf die Situation von pflegenden Angehörigen bzw. älteren Menschen beziehen. Analysen rund um familienpolitisch relevante Themen wie Generationenbeziehungen oder die Vereinbarkeit von Beruf und Pflege sind damit auf Basis von Daten der OECD Family Database nicht möglich. Insgesamt zeigt sich, dass auch die nationale Datenverfügbarkeit und -vergleichbarkeit eine Herausforderung bei der Verwendung der Daten aus der OECD Family Database darstellt. Hier einige Beispiele:

Familienstruktur-Indikatoren

- Datenverfügbarkeit: Für einige Indikatoren liegen z. B. keine Daten aus allen Ländern vor, beispielsweise für das Alter der Mutter bei der Geburt des ersten Kindes in Deutschland für das Jahr 1970.
- Erhebungszeitpunkte: Die oben vorgestellten Daten zum Zusammenleben von Eltern und Kindern beziehen sich für die meisten Länder auf das Jahr 2018, für Frankreich, Ungarn, Luxemburg und die Slowakei allerdings auf das Jahr 2017. Auch bei anderen Indikatoren sind unterschiedliche Erhebungszeitpunkte vorhanden.

Input-Indikatoren

- Unterschiede bei den Leistungen: Insbesondere bei den familienpolitischen Leistungen sind Vergleiche schwierig, weil sich die Berechnungs- und

Bezugsgrundlagen in den meisten Fällen unterscheiden. Für finanzielle Leistungen im Rahmen des Mutterschutzes ist in Österreich, Deutschland, Rumänien, Litauen und Frankreich das Bruttogehalt vor der Geburt ausschlaggebend. In Slowenien, Spanien und Ungarn erhalten Väter hingegen für familienbedingte Auszeiten eine Leistung, die auf Basis ihres Nettogehalts berechnet werden. Darüber hinaus können Missverständnisse bei den Begrifflichkeiten entstehen: Das einkommensabhängige Kinderbetreuungsgeld in Österreich entspricht weitestgehend dem Elterngeld in Deutschland und ist nicht mit dem deutschen Betreuungsgeld zu verwechseln.

- Unterschiedliche Konzeptualisierungs- und Operationalisierungsansätze: Die Daten der OECD Family Database unterscheiden sich zum Teil von nationalen Daten, z. B. wenn (wie in Deutschland) familienpolitische Leistungen existieren, die nicht Familien, sondern die Ehe als Institution fördern (z. B. Ehegattensplitting). Diese Leistungen werden dann unter Umständen in nationalen Berechnungen zur Höhe der familienpolitischen Ausgaben aufgeführt, in den Daten der OECD Family Database hingegen nicht. Leistungen und Maßnahmen z. B. zur Vereinbarkeit von Beruf und Pflege (z. B. das deutsche Pflegeunterstützungsgeld) sind zudem in der OECD Family Database nicht abgebildet.
- Administrative Zuständigkeiten: Bei den Ausgaben für die frühkindliche Bildung und Betreuung werden die Ausgaben der nationalen Regierungen berücksichtigt. In einigen Ländern liegt die Zuständigkeit jedoch bei lokalen Behörden. Es kann daher sein, dass nicht alle Ausgaben (z. B. von allen föderalen Ebenen) berücksichtigt werden.

Outcome-Indikatoren

- Unterschiedliche Datengrundlagen: In vielen Ländern gilt beispielsweise als teilzeitbeschäftigt, wer weniger als 30 Stunden pro Woche arbeitet. In anderen Ländern liegt die Grenze bei 35 Wochenstunden. Teilweise schätzen die Befragten bei der Erhebung auch selbst ein, ob sie teilzeit- oder vollzeitbeschäftigt sind. Am Beispiel Deutschlands wird klar, inwiefern dies zu Problemen führen kann: In einigen Branchen ist die 35-Stunden-Woche tariflich geregelt. Beschäftigte der Metallindustrie beispielsweise, die 35 Stunden arbeiten, gelten als vollzeitbeschäftigt. In anderen Bereichen werden Daten in einigen Ländern anders erhoben, als in anderen: Mit Blick auf familienbedingte Auszeiten erhebt beispielsweise Schweden nicht nur die Väterbeteiligung in Prozent, sondern auch die geschlechtsspezifische Dauer der in Anspruch genommenen Leistung.

Anhand dieser Beispiele zeigt sich, dass es für fundierte Analysen stets mehr braucht als den „nackten Datenvergleich". Um die Unterschiede und Gemeinsamkeiten zwischen den Ländern verstehen und die Familienpolitik Deutschlands in den internationalen Kontext einordnen zu können, braucht es (u. a. politikwissenschaftliche) Analysen, die u. a. gesellschaftspolitische Entwicklungen berücksichtigen, auf Basis theoretischer Konzepte Erklärungsansätze für konvergierende und divergierende Entwicklungen der nationalen Familienpolitiken liefern und dabei die länderspezifischen Gegebenheiten berücksichtigen. Beispiele für aktuelle vergleichende familienpolitische Analysen liefert das Abschn. 5.5. Als Unterstützung für die Recherche von Publikationen für Ihre eigenen wissenschaftlichen Arbeiten finden Sie am Ende des Kapitels darüber hinaus eine Liste mit einschlägigen Fachzeitschriften.

5.5 Vergleichende familien- und vereinbarkeitspolitische Analysen

Politikwissenschaftler*innen nutzen u. a. Ansätze aus der vergleichenden Wohlfahrtsstaatsforschung und der Politikfeldanalyse, aber auch mikrozentrierte Ansätze wie den *capability approach,* um die oben dargestellten Unterschiede und Gemeinsamkeiten zwischen den Ländern zu erklären (siehe hierzu auch die Ausführungen im Abschn. 4.6). In der wissenschaftlichen Literatur finden sich mittlerweile zahlreiche Länder- und vergleichende Analysen zur Familienstruktur, zu familienpolitischen Leistungen sowie zum Outcome von Familienpolitik. Die im Folgenden aufgeführten Studien (zu Elternzeit-Regelungen und zur Müttererwerbstätigkeit) nehmen daher zwar die in den Abschn. 5.2 und 5.3 vorgestellten Daten als Ausgangspunkt, sind allerdings nur als Beispiel (und Anregung zum Weiterlesen) zu verstehen.

5.5.1 Familien- und vereinbarkeitspolitischer Input

Anders als andere sozialpolitische Politikfelder ist die Familien- und Vereinbarkeitspolitik in den Jahren nach der Finanz- und Wirtschaftskrise von 2008 in manchen Ländern eher von einem Ausbau der Leistungen *(expansion)* als von einem Abbau der staatlichen Unterstützung *(retrenchment)* gekennzeichnet gewesen. Besonders Maßnahmen, die zur einer verbesserten Vereinbarkeit von Beruf und Familie beitragen sollen (z. B. Elterzeit-Regelungen, Kinderbetreuung) wurden von einigen Wohlfahrtsstaaten nach der Krise ausgebaut (Gauthier 2010).[11] Blum et al. (2014) analysieren anhand von länderspezifischen Fallstudien familienpolitische Reformen in Österreich, der Tschechischen Republik und Slowenien in der Zeit nach der Krise. Sie bedienen sich dabei des Konzepts der (De-)Familialisierung und untersuchen auch die Argumentationsmuster familienpolitischer Akteure. Für alle drei Länder stellen die Autorinnen für die Zeit *vor* der Krise eine „hybridization" der untersuchten Wohlfahrtssysteme fest (Blum et al. 2014: 469) fest: Während Österreich sich seit den 1990er Jahren von einem typischen konservativen Wohlfahrtsstaat hin zu einem familienpolitischen System entwickelt hat, das sowohl konservative als auch sozialdemokratische Maßnahmen aufweist (siehe hierzu auch Blum 2012), haben die ehemals sozialistischen Systeme der Tschechischen Republik und Sloweniens unterschiedliche Wege eingeschlagen: Das tschechische Wohlfahrtssystem hat sich in Richtung eines liberalen Wohlfahrtsstaats entwickelt, während die slowenische Familienpolitik sowohl von den nordeuropäischen Ländern inspirierte Maßnahmen als auch eine korporatistische Logik verfolgt. *Während* der Krise waren die drei Wohlfahrtsstaaten unterschiedlich stark von den negativen ökonomischen Entwicklungen betroffen: In Slowenien sank das BIP nach 2008 deutlich stärker als in Österreich und in der Tschechischen Republik, wohingegen die Arbeitslosenquote in Slowenien stärker und vor allem über einen sehr viel längeren Zeitraum anstieg als in den anderen beiden Ländern. Die

---

[11] Zu den wenigen Ausnahmen in Deutschland, z. B. im Rahmen der Elterngeld-Reform von 2010, siehe Blum (2017, S. 334).

Antworten Österreichs, Sloweniens und der Tschechischen Republik auf die Krise fielen zwar unterschiedlich aus, allerdings stellen Blum et al. (2014: 468) für jedes der drei Länder fest, dass „the pre-crisis policy pathways were also continued in the period of crisis". Blum et al. (2014) schließen daraus, dass vor allem die im jeweiligen nationalen Kontext und bei den politischen Entscheidungsträgern bzw. Institutionen auf nationaler Ebene vorherrschenden Paradigmen einen Einfluss auf die Richtung (Ausbau oder Abbau) familienpolitischer Reformen haben.

Anders als in Österreich, der Tschechischen Republik und Slowenien ist es in anderen Ländern in den letzten Jahren aber auch zu einer Konvergenz familienpolitischer Maßnahmen gekommen. Dies betrifft vor allem *parental leave*-Regelungen, die Gegenstand einer Vielzahl vergleichender familienpolitischer Analysen sind. Beispielhaft sei hier die Untersuchung von Blum (2012) genannt, die u. a. die Adaption des Elterngeldes (von Schweden auf Deutschland und – detaillierter – von Deutschland auf Österreich) nachzeichnet. Für Deutschland datiert sie die ersten Überlegungen zum Policytransfer zwischen Schweden und Deutschland auf das Jahr 2004, als die damalige Bundesfamilienministerin Renate Schmidt in einem Interview mit der Süddeutschen Zeitung ankündigt, dass sie prüfen wird, „ob das [schwedische; R.A.] Modell des Elterngeldes, das sich in der Höhe an dem ursprünglichen Einkommen orientiert, auch in Deutschland praktikabel ist" (zitiert nach Blum 2012: 141) und schon die konkrete Ausgestaltung eines solchen Elterngeldes skizziert. Das 2010 in Österreich eingeführte einkommensabhängige Kinderbetreuungsgeld folgt schließlich der Logik des deutschen Elterngeldes von 2007: Beide nationale Leistungen werden einkommensabhängig ausgezahlt, gleichen sich auch in ihren

Bezugsvarianten und adressieren die gleiche Zielgruppe (hochgebildete, gutverdienende Frauen). Blum (2012) zeigt auf, dass für diesen Policytransfer nicht nur der Transfer von Ideen, sondern auch der Austausch zwischen den Akteuren ausschlaggebend war.

Eine andere vergleichende Studie zu Elternzeit-Regelungen liefern Javornik/Kurowska (2017). Unter Rückgriff auf den *capability approach* untersuchen sie die Möglichkeiten für Eltern in acht nordeuropäischen Ländern (Schweden, Dänemark, Finnland, Norwegen, Island, Estland, Lettland, Litauen), die vorhandenen Regelungen tatsächlich zu nutzen. Dabei stellen sie fest, dass die Elternzeit-Regelungen in den untersuchten Ländern sich stark voneinander unterscheiden. Die Elternzeit-Regelungen in Schweden ermöglichen es Familien ihren Analysen nach eine Inanspruchnahme am besten – Lettland schneidet am schlechtesten ab (Javornik und Kurowska 2017: 630). Neben Schweden ist Island das einzige Land, dass es Kindern durch die Elternzeit-Regelungen (u. a. durch die gleiche Dauer für Mütter und Väter und individuelle, nicht übertragbare Zeiten für beide Elternteile) realistisch ermöglicht, gleichberechtigt von beiden Elternteilen betreut zu werden. Die baltischen Staaten liefern, so die Autorinnen, keinen ausreichenden Anreiz für Mütter und Väter, sich die Elternzeit gleichberechtigt aufzuteilen, da sie nur einen kurzen Zeitraum (zwei Wochen in Estland und Lettland, vier Wochen in Litauen) vorsehen, der exklusiv für den Vater reserviert ist. Allerdings bieten sie (aufgrund fehlender oder großzügiger Einkommensgrenzen) ähnliche Möglichkeiten der Inanspruchnahme über unterschiedliche Einkommensklassen hinweg. Der Ländervergleich zeigt außerdem, dass nur Dänemark, Schweden, Finnland und Estland (aufgrund des dort gesetzlich verankerten Anspruchs auf einen Kinderbetreuungsplatz nach dem Ende der vorgesehenen

Elternzeit) Müttern eine realistische Möglichkeit bieten, ihre Erwerbstätigkeit zeitnah nach der familienbedingten Auszeit wiederaufzunehmen. Ein zeitlicher Unterschied zwischen Elternzeitdauer und Kinderbetreuungs-Rechtsanspruchs verringert „leave's real opportunity potential because it locks mothers into home care (constraining shared parenting) and disrupts income equality (commercial childcare is often an unaffordable alternative)", so Javornik/Kurowska (2017: 630).

5.5.2 Familien- und vereinbarkeitspolitische Outcomes

Die Niederlande sind im Abschn. 5.3 dadurch aufgefallen, dass die Kinderbetreuungsquote zwar sehr hoch, die durchschnittliche Betreuungsdauer pro Woche aber im Vergleich mit den anderen EU-Ländern sehr niedrig ist. Außerdem werden in den Niederlanden überdurchschnittlich häufig informelle Kinderbetreuungsarrangements (z. B. Großeltern) genutzt und die Teilzeitquote unter Müttern ist mit Abstand die höchste im EU-Vergleich. In den Niederlanden herrscht damit ein „,One and a half worker' model" (Emery 2020: 516) vor. Wie genau sehen die infrastrukturellen Rahmenbedingungen für Müttererwerbstätigkeit aus? Analysen der niederländischen Familienpolitik zeigen, dass seit einer Gesetzesänderung im Jahr 2005 die Kinderbetreuung vorwiegend über private Anbieter organisiert ist (Emery 2020; Yerkes und Javornik 2019), wenngleich die Kosten staatlich subventioniert und die Elternbeiträge nach Einkommen gestaffelt sind. Die Anzahl der Kinderbetreuungsplätze hat seitdem massiv zugenommen. Eltern haben die Möglichkeit, ihre Kinder entweder in einer Einrichtung *(kinderdagverblijf)* oder bei Tageseltern *(gastouders)* betreuen zu lassen. Beide Betreuungsformen können auch miteinander kombiniert werden, wobei die Betreuung bei Tageseltern in der Regel zeitlich flexibler gestaltet werden kann als in den Einrichtungen. Familienbedingte Auszeiten können in den Niederlanden von beiden Elternteilen genommen und tage- oder stundenweise in Anspruch genommen werden (z. B. ein Tag pro Woche über einen Zeitraum von vier Jahren oder ein freier Nachmittag pro Woche) (Emery 2020).

Welche Faktoren können den niedrigen Erwerbsumfang von Müttern in den Niederlanden erklären?

In einer vergleichenden Analyse Australiens, Islands, der Niederlande, Sloweniens, Schwedens und des Vereinigten Königreichs untersuchen Yerkes/Javornik (2019) auf Basis des *capability approach* die Erreichbarkeit, Verfügbarkeit, Bezahlbarkeit, Qualität und Flexibilität der verschiedenen Kinderbetreuungssysteme. Während Slowenien, Schweden und Island in großem Umfang öffentliche Kinderbetreuungsplätze zur Verfügung stellen, ist die Kinderbetreuung im Vereinigten Königreich sowie in Australien und den Niederlanden über den Markt geregelt. Yerkes/Javornik (2019) zeigen u. a., dass die Kinderbetreuung in den Niederlanden verhältnismäßig teuer ist: Eltern zahlen im Durchschnitt 20,2 % ihres Nettoeinkommens für einen Vollzeitplatz – gegenüber 4,4 % in Schweden, 5,3 % in Island, 10 % in Slowenien, 15,7 % in Australien und 33,8 % im Vereinigten Königreich (Yerkes und Javornik 2019: 536).[12] Gegenüber den Ländern mit einem öffentlichen Kinderbetreuungssystem schneiden die Niederlande sowohl in punkto Erreichbarkeit, Verfügbarkeit, Bezahlbarkeit als auch bei der Qualität schlechter ab.

---

[12] Referenzjahr: 2012; Doppelverdienerpaar mit zwei Vollzeiteinkommen (100 % und 67 % des Durchschnittseinkommens).

Bei der Flexibilität attestieren Yerkes/Javornik (2019: 539) allen untersuchten Ländern Defizite – vor allem mit Blick auf Familien, in denen ein oder beide Elternteile atypische Arbeitszeiten (z. B. am Abend oder am Wochenende) haben.

Aus einer nationalen Perspektive untersucht Emery (2020) unter Rückgriff auf Daten der Netherlands Kinship Panel Study (NKPS) von 2005–2014 sowie auf Verwaltungsdaten, welchen Einfluss die Kinderbetreuungsinfrastruktur (Verfügbarkeit, Nähe zum Wohnort, Kombinationsmöglichkeit unterschiedlicher Kinderbetreuungsangebote) auf die Müttererwerbstätigkeit in den Niederlanden hat. Seine Analysen „illustrate the vital role that childcare provision plays in enabling women to work a greater number of hours on the labor market" (Emery 2020: 513). Übereinstimmend mit Ergebnissen vorausgegangener Analysen (z. B. Hank und Kreyenfeld 2003; van Ham und Mulder 2005) findet Emery (2020), dass auch in den Niederlanden das Bildungsniveau einen Einfluss auf den Erwerbsumfang von Frauen hat: Niederländische Frauen mit einem hohen Bildungsabschluss arbeiten durchschnittlich 10 Stunden mehr pro Woche als Frauen mit einem niedrigen Bildungsabschluss. Verheiratete Frauen arbeiten zudem weniger als geschiedene oder nicht verheiratete Frauen. Der Erwerbsumfang nimmt darüber hinaus mit zunehmender Kinderzahl ab (Emery 2020: 524). Die Daten verdeutlichen darüber hinaus (Emery 2020: 526 ff.), dass die Entfernung zwischen Kinderbetreuungseinrichtung und Wohnort einen Einfluss auf den Erwerbsumfang von Müttern haben: Jeder zusätzliche Kilometer zwischen Wohnort und Kinderbetreuungseinrichtung reduziert die Wochenarbeitszeit um durchschnittlich 15 Minuten. Ein ähnlicher, wenn auch statistisch schwächerer Effekt, zeigt sich bei der Entfernung zu den Großeltern: Jeder zusätzliche Kilometer zwischen

Wohnort der Familie und Wohnort der Großeltern reduziert die Arbeitszeit um durchschnittlich 30 min – allerdings im Monat und nicht in der Woche. Hinzu kommt: Je größer die Auswahl an Kinderbetreuungseinrichtungen in der Nähe des Wohnortes ist, desto höher die durchschnittliche Wochenarbeitszeit. Die Verfügbarkeit und Nähe von Tageseltern hatte hingegen keinen statistisch signifikanten Effekt auf die Wochenarbeitszeit von Müttern.

Einen weiteren Erklärungsansatz für den geringen Erwerbsumfang niederländischer Mütter liefern Thijs et al. (2019). Die Autor*innen halten fest, dass „[a]lthough support for mothers' employment is high in the Netherlands […] and views toward men's and women's (natural) roles concerning the care for little children have become increasingly egalitarian, a strong motherhood ideology – with the mother seen as primarily responsible for the child'swell-being – has long been present in the Netherlands, originating from its strong Christian tradition and emphasized by the government as women's contribution to the rebuilding of the country after the Second World War" (Thijs et al. 2019: 605). Entsprechend verbringen auch vollzeiterwerbstätige Frauen – ähnlich wie in Deutschland (Müller et al. 2020) – mehr Zeit mit Aufgaben rund um Kinderbetreuung und Haushalt als Väter (Merens und van den Brakel 2014). Thijs et al. (2019) identifizieren auf Basis von nationalen Längsschnittdaten die Bildungsexpansion als hauptsächlichen Treiber für die Gleichberechtigung der Geschlechter in den Niederlanden. Die steigende Erwerbsbeteiligung von Frauen allein hat hingegen laut ihren Ergebnissen keinen nennenswerten Effekt darauf, ob Frauen und Männer in den Niederlanden Geschlechtergerechtigkeit unterstützten oder nicht. Die Analyse von van den Broek/Dykstra/ Van der Veen, Romke J. (2015) zeigt allerdings, dass sich innerhalb der niederländischen Bevölkerung die normative Vorstellung darüber, ob der Staat oder die Familie für die Kinderbetreuung zuständig ist, zwischen 2002 und 2011 deutlich verändert hat. Die Daten aus der Netherlands Kinship Panel Study (NKPS) zeigen, dass zu Beginn der 2000er-Jahre in der Bevölkerung die Idalvorstellung einer geteilten Verantwortung zwischen Staat und Familie *(warm-modern)* vorherrschte. 2011 hatte sich dies verändert: Bevorzugt wurde nun eine vorwiegende Verantwortung des Staates *(cold-modern)*.

5.6 Relevante wissenschaftliche Fachzeitschriften

Für den Fall, dass Sie weiterrecherchieren möchten: In den folgenden nationalen und internationalen Fachzeitschriften finden Sie aktuelle (theoretische und empirische) Studien rund um die Themen Familie und Familien- bzw. Vereinbarkeitspolitik. Der Zugriff auf die einzelnen Ausgaben bzw. Artikel aus diesen Fachzeitschriften ist unterschiedlich geregelt – je nachdem, welchen Vertrag die Bibliothek Ihrer Hochschule mit den jeweiligen Verlagen ausgehandelt hat. Scheuen Sie sich nicht, bei Bibliotheken anderer (größerer) Hochschulen oder bei Landesbibliotheken einen Gastzugang zu beantragen oder bei Ihrer eigenen Hochschule einen Anschaffungsantrag zu stellen.

- Journal of Family Research (https://ubp.uni-bamberg.de/jfr/index.php/jfr)
- Journal of Marriage and Family (https://onlinelibrary.wiley.com/journal/17413737)
- Journal of Family Studies (https://www.tandfonline.com/toc/rjfs20/current)

- International Journal of Care and Caring (https://policy.bristoluniversitypress.co.uk/journals/international-journal-of-care-and-caring)
- Journal of Child and Family Studies (https://www.springer.com/journal/10826)
- Journal of Family Psychology (https://www.apa.org/pubs/journals/fam)
- Journal of European Social Policy (https://journals.sagepub.com/home/esp)
- International Journal of Law, Policy and the Family (https://academic.oup.com/lawfam)
- Journal of Family Theory & Review (https://onlinelibrary.wiley.com/journal/17562589)
- Journal of Family Issues (https://journals.sagepub.com/home/jfi)
- Zeitschrift für das gesamte Familienrecht (https://www.famrz.de/)

5.7 Zusammenfassung

Anhand von ausgewählten Daten der OECD Family Database hat dieses Kapitel gezeigt, inwiefern sich Familie und Familien- bzw. Vereinbarkeitspolitik im Ländervergleich unterscheiden. Diese Unterschiede beziehen sich nicht nur auf die Familienstruktur, sondern auch auf den familien- und vereinbarkeitspolitischen Input in Form von Leistungen (z. B. *parental leave*) sowie auf familien- und vereinbarkeitspolitische Outcomes (z. B. Müttererwerbstätigkeit, Kinderarmut). Der Umgang mit den Daten bleibt jedoch eine Herausforderung, nicht nur, weil sich z. T. die Datengrundlagen unterscheiden, sondern auch weil die den Leistungen zugrunde liegenden politischen Systeme sich z. T. stark unterscheiden. Das Abschn. 5.5 hat gezeigt, wie diese Unterschiede in ländervergleichenden familien- und vereinbarkeitspolitischen Analysen interpretiert werden können.

Aufgaben zum Kap. 5:

1. *Recherchieren Sie anhand der Daten der OECD Family Database, wie viel Prozent des BIP Frankreich im Jahr 2015 für Kinderbetreuung ausgegeben hat.*
2. *Recherchieren Sie online nach einer ländervergleichenden Studie zu Elternzeit-Regelungen.*

6

Familien- und Vereinbarkeitspolitik in der Corona-Pandemie

Zusammenfassung In diesem Kapitel lernen Sie, inwiefern Familien in Deutschland von den Maßnahmen zur Einschränkung der Corona-Pandemie betroffen waren und welche staatlichen Unterstützungsleistungen die familienpolitischen Akteure initiiert haben. Ziel des Kapitels ist es, Ihnen aktuelle Studienergebnisse vorzustellen, damit Sie die Auswirkungen der Pandemie für Familien beurteilen und bei Ihrer (wissenschaftlichen) Arbeit berücksichtigen können.

Ergänzende Information Die elektronische Version dieses Kapitels enthält Zusatzmaterial, auf das über folgenden Link zugegriffen werden kann https://doi.org/10.1007/978-3-658-37149-4_6.

© Der/die Autor(en), exklusiv lizenziert an Springer Fachmedien Wiesbaden GmbH, ein Teil von Springer Nature 2022
R. Ahrens, *Familien- und Vereinbarkeitspolitik in Deutschland*, Elemente der Politik,
https://doi.org/10.1007/978-3-658-37149-4_6

6.1 Familie und Corona in Deutschland

In jüngster Zeit hat die Corona-Pandemie viele Familien vor große Herausforderungen gestellt. Für die meisten völlig unerwartet wurden Mitte März 2020 Schulen und Kinderbetreuungseinrichtungen als Maßnahme zur Bekämpfung der Ausbreitung des SARS-CoV-2-Virus' auf unbestimmte Zeit geschlossen. Davon waren im Frühling 2020 circa 11 Mio. Kinder und Jugendliche unter 12 Jahren betroffen (Bujard et al. 2020). Viele Eltern verlagerten gleichzeitig coronabedingt ihren Arbeitsplatz ins Homeoffice (Möhring et al. 2020). Allerdings hatte nur ca. ein Drittel der Eltern theoretisch die Möglichkeit, aus dem Homeoffice zu arbeiten. Die Wahrscheinlichkeit, einen homeofficefähigen Arbeitsplatz zu haben ist umso höher, je höher der formale Bildungsabschluss ist. Außerdem haben Eltern in Paarfamilien häufiger einen homeofficefähigen Arbeitsplatz als Alleinerziehende (Müller et al. 2020).

Wenn Sie sich vom Beginn dieses Lehrbuches noch einmal in Erinnerung rufen, dass die Betreuung von Kindern in Kitas, Kindergärten und Nachmittagsbetreuung für Schulkinder von zahlreichen Familien in Deutschland in Anspruch genommen werden, z. B. um das Familienleben mit einer Erwerbstätigkeit (beider Elternteile) in Einklang bringen zu können, so wird Ihnen sicherlich schnell klar, was dieser Ausfall der Betreuungsinfrastruktur für viele Familien bedeutete. Hinzu kommt, dass Eltern im Frühjahr 2020 dringend davon abgeraten wurde, die Großeltern (aufgrund ihres erhöhten Infektionsrisikos) in die Betreuung und Beschulung der Kinder einzubeziehen. Vor Beginn der Corona-Pandemie waren in circa 30 % der Familien in Deutschland die Großeltern oder andere Verwandte regelmäßig in die Kinderbetreuung einbezogen (Möhring et al. 2020; Müller et al. 2020). Der Ausfall dieser informellen Betreuungslösung stellte viele Eltern also vor zusätzliche Herausforderungen. Vor allem erwerbstätige Eltern hatten von einem Tag auf den anderen akute Zeitprobleme – viele von ihnen mussten ihre Kinder nun parallel zur eigenen Arbeit betreuen und beschulen. Wenn Eltern allerdings coronabedingt ihre Arbeit verloren oder in Kurzarbeit geschickt wurden, konnte dies natürlich noch viel existenziellere Folgen für die Familien haben. Und auch Familien mit besonderem (z. B. sprachlichem oder sozialpädagogischem) Unterstützungsbedarf litten besonders an dem (zeitweisen) Ausfall der Infrastruktur.

Eltern wendeten während des ersten Lockdowns deutlich mehr Zeit für Hausarbeit, Kinderbetreuung und -beschulung auf als vor Beginn der Corona-Pandemie (Jentsch und Schnock 2020; Langmeyer et al. 2020). Schließlich musste zum Beispiel häufiger gekocht, geputzt und eingekauft werden, wenn alle Familienmitglieder den Großteil des Tages zu Hause verbrachten. Vor allem Mütter übernahmen den Hauptteil dieser zusätzlichen Arbeit (Hank und Steinbach 2020; Kohlrausch und Zucco 2020; Kreyenfeld et al. 2020; Möhring et al. 2020). Die geschlechtsspezifische Arbeitsverteilung, deren Hintergründe Sie bereits im Abschn. 2.2 kennengelernt haben, scheint sich also im Zuge der Corona-Pandemie verfestigt zu haben.

Befragungsergebnisse zeigen, dass vor allem das Homeschooling für viele Eltern eine sehr große Herausforderung darstellte. Dies gilt insbesondere für Eltern mit einem geringen formalen Bildungsstand sowie für (erwerbstätige) Alleinerziehende (Langmeyer et al. 2020; Zinn et al. 2020). Insgesamt gaben vor allem Eltern mit unter 14-jährigen Kindern sowie Eltern mit finanziellen

Problemen am häufigsten an, dass der Lockdown für sie eine hohe Belastung darstellte (Kohlrausch und Zucco 2020).

6.2 Familien- und vereinbarkeitspolitische Maßnahmen in der Corona-Pandemie

Während der Corona-Pandemie wurden vonseiten der Familienpolitik unterschiedliche Maßnahmen (weiter-) entwickelt, um diese Belastung abzufedern (Bundesministerium für Familie, Senioren, Frauen und Jugend 2021b). Die neuen bzw. reformierten Leistungen richteten sich zunächst vor allem an Familien, die aufgrund der Corona-Pandemie mit finanziellen Einbußen zu kämpfen hatten – auch wenn sie z. T. an alle Familien (unabhängig von ihrer Einkommenssituation) ausgezahlt wurden.

Ein Beispiel hierfür ist die Auszahlung eines Kinderbonus' in Höhe von 150 € pro Kind. Dieser Bonus wurde an alle Familien ausgezahlt und sollte einerseits ein Zeichen für die Wertschätzung gegenüber dem von Familien in der Corona-Pandemie geleisteten Beitrag sein, andererseits aber auch einen Konjunkturimpuls setzen. Daneben wurde die Beantragung diverser familienpolitischer Leistungen – wie zum Beispiel des Kinderzuschlags – vereinfacht bzw. die Berechnungsgrundlagen angepasst. Eine Anpassung der Berechnungsgrundlagen erfolgte auch für das Elterngeld. Die Bundesregierung hatte hierzu beschlossen, dass pandemiebedingt bezogene Einkommensersatzleistungen wie zum Beispiel das Kurzarbeitergeld oder das Arbeitslosengeld I das Elterngeld nicht reduzieren sollten. Ebenso mussten Eltern, die im Rahmen des Elterngeldes einen Partnerschaftsbonus beantragt hatten, aber aufgrund einer coronabedingten Arbeitszeitänderung nicht wie geplant parallel in Teilzeit arbeiten konnten, den Partnerschaftsbonus nicht zurückzahlen.

Auch die Familienpflegezeit und die Pflegezeit wurden flexibler gestaltet. Restzeiten aus der Familienpflegezeit, die pandemiebedingt nicht genommen werden konnten, verfielen beispielsweise zunächst nicht. Das Pflegeunterstützungsgeld wurde außerdem auf 20 Tage ausgeweitet. Unterstützung erhielten darüber hinaus bestimmte Familienformen wie Alleinerziehende. Für sie wurde in 2020 und 2021 der Entlastungsbeitrag in der Einkommensteuer von 1908 € auf 4008 € angehoben und nach gesetzlichen Anpassungen auch nach 2021 geltend gemacht. Um erwerbstätige Eltern zu unterstützen, wurden zudem die sogenannten Kinderkrankentage von bisher 10 Tagen pro Elternteil pro Kind auf bis zu 30 Tage pro Elternteil pro Kind erhöht, bei Alleinerziehenden wurden die bisherigen 20 Tage pro Kind auf 60 Tage pro Kind hochgesetzt. Darüber hinaus kam es zu einer inhaltlichen Ausweitung der Kinderkrankentage: Der Anspruch bezieht sich nunmehr nicht ausschließlich auf die Erkrankung eines Kindes, sondern besteht auch, wenn eine Betreuung von zu Hause aus nötig ist, z. B. weil Schule oder Kindergarten aufgrund behördlicher Anordnung geschlossen sind. Zudem wurde das Infektionsschutzgesetz dahin gehend geändert, dass Mütter und Väter eine Verdienstausfallsentschädigung für bis zu zehn Wochen pro Jahr – bei Alleinerziehenden bis zu 20 Wochen pro Jahr – in Anspruch nehmen können, wenn ihr Kind in Quarantäne oder die Betreuungs- oder Bildungseinrichtung pandemiebedingt geschlossen ist.

Zudem hatten Eltern die Möglichkeit, ihre Kinder im Rahmen einer sogenannten Notbetreuung betreuen zu lassen. Die Möglichkeiten hierzu wurden im Laufe der Pandemie sukzessive ausgeweitet. Während zu Beginn der ersten Welle im Frühjahr 2020 nur Kinder notbetreut werden durften, deren Eltern *beide* in einem systemrelevanten Beruf (z. B. Arzt, Müllwerkerin, Kassierer, Altenpflegerin) arbeiteten oder eine Kindswohlgefährdung bei Nicht-Betreuung drohte, reichte es später aus, wenn beide Eltern erwerbstätig waren (egal, in welchem Bereich). Die genaue Ausgestaltung regelten die Bundesländer.

Für 2021 und 2022 hat die Bundesregierung darüber hinaus das Aktionsprogramm „Aufholen nach Corona für Kinder und Jugendliche" verabschiedet. Mit ca. zwei Milliarden Euro fördern das Bundesfamilien- und das Bundesbildungsministerium schulische Maßnahmen sowie Maßnahmen im Bereich der frühkindlichen Bildung, der Sport-, Freizeit- und Ferienaktivitäten im Bereich der Alltagsunterstützung von Kindern und Jugendlichen, „damit die Pandemie nicht lange nachwirkt und sich Ungleichheiten nicht verfestigen" (Bundesministerium für Familie, Senioren, Frauen und Jugend 2021a). Die Umsetzung erfolgt zum Teil durch die Bundesländer, denen der Bund zur Finanzierung der Maßnahmen ein zusätzlicher Anteil an der Umsatzsteuer überlässt. Im Sommer 2021 unterzeichneten Bund und Länder eine entsprechende Vereinbarung.

Natürlich konnten diese und ähnliche Maßnahmen die Folgen der Pandemie für Familien nicht in vollem Umfang abfedern. Viele Eltern kritisierten, dass die politischen Entscheidungsträger (vor allem während des ersten Lockdowns im Frühling 2020) offenbar die Meinung vertraten, dass es während der Arbeit im Homeoffice gut machbar sei, nebenbei die Kinder zu beschulen und zu betreuen. Insgesamt wurde die Politik vielfach dafür kritisiert, keine ausreichend hohe Priorität bei Bildung und Familien gesetzt zu haben. Die Familien- und Bildungsökonomin Katharina Spieß rechnete beispielsweise vor, dass die Familienpolitik „für Kitas und Schulen […] gerade mal drei Milliarden [ausgab] und dann noch 4,4 Mrd. für den Kinderbonus. Zur Rettung der Lufthansa wurden neun Milliarden ausgegeben" und bemängelte eine „Stop-and-go-Politik" (Otto und Schoener 2021).

6.3 Auswirkungen der Corona-Pandemie auf das Familienleben

Welche Auswirkungen hatten die Maßnahmen zur Eindämmung der Corona-Pandemie auf die Vereinbarkeitskonflikte in Familien sowie auf die psychische und physische Gesundheit von Eltern und Kindern?

6.3.1 Vereinbarkeitskonflikte

Aktuelle Studien zeigen, dass es für viele berufstätige Eltern unter „Corona-Bedingungen" schwieriger war, ihren Job mit der Kinderbetreuung und -beschulung unter einen Hut zu bringen als vor Beginn der Pandemie. Bujard et al. (2020) gehen davon aus, dass Eltern dies nur schaffen konnten, indem sie auf ein substanzielles Maß an Freizeit und Schlaf verzichteten – oder alternativ *gleichzeitig* arbeiteten und für ihre Kinder sorgten.

> **Hinweis**
> Im Abschn. 2.3 haben Sie den Begriff der *simultanen Vereinbarkeit* kennengelernt. Damit ist gemeint, dass Mütter und Väter bzw. pflegende Angehörige *im selben Lebensabschnitt* Kinder betreuen bzw. Angehörige

> pflegen und erwerbstätig sind. Während der Zeiten der coronabedingten Schul- und Kitaschließungen standen viele Eltern allerdings unter dem Druck, Beruf und Familie *synchron* zu vereinbaren: Sie mussten ihre Kinder betreuen bzw. ihre Angehörigen pflegen, *während* sie nebenher arbeiteten. Es kam also in vielen Fällen zu einer *zeitlichen und räumlichen Gleichzeitigkeit* von Beruf und Familie *(synchrone Vereinbarkeit)*.

> **Definition 6.1**
>
> In der quantitativen empirischen Sozialforschung wird die (unzureichende) Möglichkeit, Familie und Beruf unter einen Hut zu bringen folgendermaßen gemessen: In Befragungen wird einerseits danach gefragt, wie schwierig es für die Befragten ist, neben ihren beruflichen Verpflichtungen auch ihren familialen Aufgaben nachzukommen (sogenannter *Work-Family-Konflikt*). Andererseits wird danach gefragt, wie schwierig es für die Befragten ist, neben den familialen Aufgaben auch ihren beruflichen Verpflichtungen nachzukommen (sogenannter *Family-Work-Konflikt*). Gemessen wird also immer in zwei Richtungen (Greenhaus und Beutell 1985).

Bereits vor der Corona-Pandemie waren Mütter und Väter unterschiedlich von Vereinbarkeitskonflikten betroffen: Während Mütter in Befragungen eher angaben, unter *Family-Work-Konflikten* zu leiden, standen für Väter tendenziell eher *Work-Family-Konflikte* im Vordergrund (Bernhardt und Zerle-Elsäßer 2021). Für den Zeitraum des ersten Lockdowns im Frühjahr 2020 zeigen Buschmeyer/Ahrens/Zerle-Elsäßer (2021) bzw. Zerle-Elsäßer/Buschmeyer/Ahrens (2022) auf Basis des DJI-Panels AID:A, dass sich diese Vereinbarkeitskonflikte verschärft haben – und zwar für Männer wie für Frauen (siehe hierzu auch Ahrens 2021a). Die grundsätzliche

Tendenz allerdings, dass es für Väter aufgrund ihrer beruflichen Verpflichtungen schwieriger war, sich um ihre Familie zu kümmern und Mütter mehrheitlich berichteten, dass es ihnen ihre familialen Verpflichtungen eher erschwerten, den beruflichen Anforderungen gerecht zu werden, blieb auch während des ersten Lockdowns bestehen. Gleichzeitig verschlechterte sich die Situation nicht für alle Eltern: Immerhin rund ein Drittel der befragten Eltern gab an, dass sich ihre Work-Family-Konflikte im ersten Lockdown gegenüber der Zeit vor der Pandemie reduziert hatten. Bei 40 % der Mütter und rund 36 % der Väter kam es allerdings zu Verschlechterungen (Abb. 6.1).

Interessanterweise haben sich die Work-Family-Konflikte während des ersten Lockdowns vor allem bei denjenigen Müttern verringert, die mehr als 33 Stunden

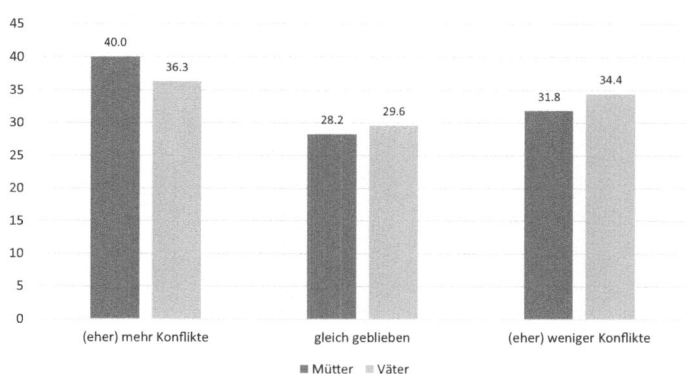

Abb. 6.1 Veränderungen in der Einschätzung der Work-Family-Konflikte in Prozent, Mütter und Väter. (Quelle: eigene Darstellung basierend auf Buschmeyer/Ahrens/Zerle-Elsäßer (2021). Datengrundlage: AID:A 2019 und Corona-Blitz, eig. Berechnungen, N = 255 erwerbst. Mütter und N = 257 erwerbst. Väter; Angaben in Prozent; Abweichungen von 100 % sind rundungsbedingt)

pro Woche erwerbstätig waren. Dies könnte dadurch erklärt werden, dass diese Mütter bereits vor Beginn der Pandemie ein gutes Unterstützungsnetzwerk aufgebaut hatten und dies auch während der Schul- und Kitaschließungen weiter nutzten, um ihre Berufstätigkeit mit den familialen Aufgaben zu vereinbaren. Bei den Vätern gibt es Hinweise darauf, dass vor allem (coronabedingt) wegfallende Pendelzeiten zu einer Verringerung der Work-Family-Konflikten beigetragen haben.

Ein ähnliches Bild zeigt sich bei den Family-Work-Konflikten. Auch hier kam es zwar im Durchschnitt zu Verschärfungen – allerdings gab es auch einen relativ großen Anteil von Eltern, die angaben, in der Zeit des ersten Lockdowns eher weniger Family-Work-Konflikte gehabt zu haben als vorher, wie Abb. 6.2 zeigt.

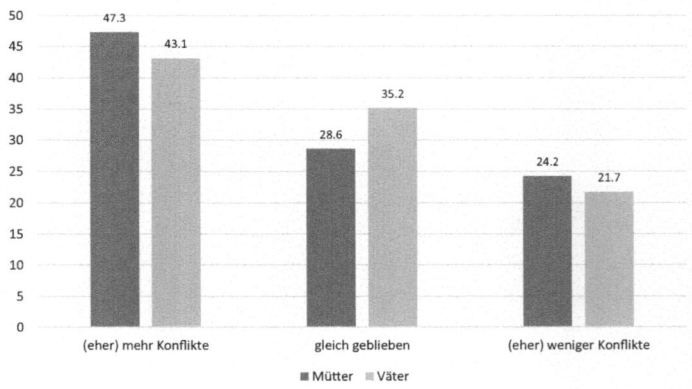

Abb. 6.2 Veränderungen in der Einschätzung der Family-Work-Konflikte in Prozent, Mütter und Väter. (Quelle: eigene Darstellung basierend auf Buschmeyer/Ahrens/Zerle-Elsäßer (2021). Datengrundlage: AID:A 2019 und Corona-Blitz, eig. Berechnungen, N=255 erwerbst. Mütter und N=257 erwerbst. Väter; Angaben in Prozent; Abweichungen von 100 % sind rundungsbedingt)

Und auch hier zeigen tiefergehende Analysen (Buschmeyer/Ahrens/Zerle-Elsäßer (2021)), dass Mütter, die mehr als 21 und weniger als 33 Stunden erwerbstätig waren im ersten Lockdown weniger Family-Work-Konflikte hatten als Mütter mit einem höheren oder niedrigeren Erwerbsumfang. Bei Müttern, die in der kritischen Infrastruktur arbeiteten oder bei solchen, die im Homeoffice tätig waren aber dort keinen ruhigen Arbeitsbereich zur Verfügung hatten, verschärften sich die Family-Work-Konflikte allerdings. Für sie war es also aufgrund ihrer familialen Verpflichtungen schwieriger, ihren beruflichen Aufgaben nachzukommen. Von gestiegenen Family-Work-Konflikten waren auch Väter betroffen, insbesondere alleinerziehende Väter, Väter mit mehr als einem Kind oder solche Väter, die lange Pendelzeiten zur Arbeit hatten.

Für den Zeitraum des zweiten Lockdowns liegen bisher nur wenige Daten vor.

6.3.2 Psychisches und physisches Wohlergehen von Eltern und Kindern

Es überrascht vor dem Hintergrund dieser verschärften Vereinbarkeitskonflikte (die ja nur einen Teilbereich des Familienlebens abbilden) nicht, dass die Maßnahmen zur Eindämmung der Corona-Pandemie auch Auswirkungen auf das Wohlbefinden, die Lebenszufriedenheit und das Familienklima sowie auf die psychische und physische Gesundheit von Eltern und Kindern hatten. Sowohl das Wohlbefinden als auch die allgemeine Lebenszufriedenheit von Eltern verschlechterten sich während des ersten Lockdowns (Bujard et al. 2020; Hübener et al. 2020; Zoch et al. 2020). Von der Verschlechterung waren insbesondere Mütter und Eltern mit Kindern unter elf Jahren betroffen. Vor allem Mütter, die den Zusatzaufwand an unbezahlter Arbeit mehrheitlich allein stemmten und nicht auf eine Unterstützung aus dem sozialen Umfeld (z. B. Partner*in, Großeltern, Verwandte, Nachbarn) oder auf eine Notbetreuung für ihre Kinder zurückgreifen konnten, wiesen besonders niedrige Zufriedenheitswerte auf (Zoch et al. 2020). Bei den Vätern zeigt sich ein etwas anderes Bild: Diejenigen Väter, die während des ersten Lockdowns in Kurzarbeit waren, waren zufriedener mit ihrem Familienleben als vor der Pandemie. Väter, die aus dem Homeoffice arbeiteten, wiesen allerdings eine geringere Zufriedenheit mit dem Familienleben auf als vorher. Das Familienklima verschlechterte sich zudem in vielen Familien. In einer Studie von Langmeyer et al. (2020) gaben beispielsweise 23 % der Mütter und 17 % der Väter an, dass es während des ersten Lockdowns häufiger zu Konflikten innerhalb der Familie kam als vorher. Noch aktuellere Daten von Ravens-Sieberer et al. (2021) und von Schmidt et al. (2021) zeigen, dass es auch im weiteren Verlauf der Pandemie verstärkt zu Meinungsverschiedenheiten in den Familien kam. Eltern und Kinder waren vor allem dann besonders unausgeglichen, wenn die Eltern stark in die Beschulung der Kinder involviert waren (siehe auch Letzel et al. 2020; Schmidt et al. 2021).

In der qualitativen Studie von Ahrens/Buschmeyer/Zerle-Elsäßer (2022) erklärten mehrere Mütter, dass die hohen Anforderungen, die durch die Corona-Pandemie an sie gestellt werden bzw. die sie an sich selbst stellen sie an den Rand ihrer körperlichen und psychischen Belastung brachten – und auch darüber hinaus. Die Autorinnen der Studie folgern, dass „dies auch damit zu tun [hat], dass Mütter wohlmöglich den (selbst- und fremdgemachten) Druck verspürten, auch in Zeiten extrem hoher Belastung uneingeschränkt für ihre Kinder zu sorgen, während es für Väter im familiären, gesellschaftlichen und betrieblichen Kontext wohlmöglich eher akzeptiert (oder sogar gefordert) war, Verantwortung für die Kinder zu delegieren" (Ahrens et al. 2022). Die (vergeschlechtlichte) Vorstellung davon, was einen „guten" Vater bzw. eine „gute" Mutter ausmacht, spielte also anscheinend eine Rolle dabei, wie Eltern mit der Belastung umgingen.

Auch zur Situation von Kindern und Jugendlichen liegen mittlerweile Daten vor. So zeigen Krankenkassendaten zum Beispiels aus dem DAK-Gesundheitsreport, dass die Maßnahmen zur Eindämmung des Coronavirus' zwar zu einer Verringerung insbesondere von Atemwegsinfekten beigetragen haben. Andere Erkrankungen haben dafür allerdings zugenommen: So war im Jahr 2020 beispielsweise der Anteil der Kinder, die aufgrund einer Adipositas-Diagnose im Krankenhaus behandelt wurden um 57,8 % höher als im Vorjahr (Witte et al. 2021). Die Ergebnisse der COPSY-Studie des Universitätsklinikums Hamburg-Eppendorf (UKE) verdeutlichen darüber hinaus, dass gerade bei jüngeren Kindern psychische Auffälligkeiten und psychosomatische Beschwerden während der Conona-Pandemie zunahmen. Als häufigste Symptome wurden Reizbarkeit, Schlafprobleme, Kopfschmerzen und Bauchschmerzen angegeben. Besonders betroffen hiervon waren Kinder aus Familien mit einem niedrigen sozio-ökonomischen Status, Kinder aus Familien mit beengten Wohnverhältnissen sowie Kinder mit Migrationshintergrund (Ravens-Sieberer et al. 2021). Insgesamt sank die gesundheitsbezogene Lebensqualität (HRQoL – health-related quality of life): Vor der Pandemie berichteten 15,3 % der 11- bis 17-jährigen Befragten an, eine niedrige HRQoL zu haben, während der Pandemie waren es 40,2 %. Zwei Drittel der befragten Kinder und Jugendlichen gaben darüber hinaus an, sich von der Corona-Pandemie belastet zu fühlen (Ravens-Sieberer et al. 2021). Die Analysen von Bujard et al.

(2021) auf Basis des Beziehungs- und Familienpanels pairfam zeigen zudem, dass vor der Pandemie 10,2 % der Kinder und Jugendlichen depressive Symptome aufwiesen. Während des ersten Lockdowns waren es hingegen 25,2 %. Auffällig ist, dass bei Mädchen das Auftreten von klinisch relevanten depressiven Symptomen während des ersten Lockdowns deutlich stärker zunahm (von 13 % auf 35 %) als bei Jungen (von 7 % auf 15 %) (Bujard et al. 2021). Die JuCo-Studie stellt die Situation von Jugendlichen und jungen Erwachsenen (15 bis 30 Jahre) während der Corona-Pandemie ins Zentrum ihrer Analysen. Die Befragten stuften ihre Zufriedenheit mit der verbrachten Zeit seit der Pandemie deutlich niedriger ein als vor Beginn der Pandemie (Mittelwert 7,37 gegenüber Mittelwert 5,06 auf einer Skala von 0 = total unzufrieden bis 10 = zu 100 % zufrieden). 23,6 % der Befragten äußerten zudem das Gefühl, dass ihre Sorgen gar kein Gehör finden (Andresen et al. 2020).

6.4 Ausblick: Wie geht es für Familien weiter?

Niemand kann genau vorhersagen, welche Folgen die Corona-Pandemie langfristig für die Familien in Deutschland haben wird, da die bisher vorliegenden Daten noch keine langfristigen Prognosen zulassen. Die Pandemie hat allerdings an vielen Stellen verdeutlicht, wo die Schwachstellen unserer Gesellschaft liegen. Das betrifft zum Beispiel den Digitalisierungsfortschritt an Schulen (bei dem Deutschland schon vor Beginn der Pandemie weit gegenüber anderen Ländern zurücklag), aber auch viel grundlegendere Dinge: Wie wird (unbezahlte) Familienarbeit eigentlich wertgeschätzt? Welche gesellschaftliche

6 Familien- und Vereinbarkeitspolitik

Anerkennung gibt es für Mütter und Väter, für pflegende Angehörige, die tagtäglich dafür sorgen, dass Kinder geboren, umsorgt und in ihrer Entwicklung begleitet werden, dass ältere sowie kranke Familienmitglieder gepflegt werden?

Der historische Abriss in Kap. 2 hat gezeigt, dass dies lange nur möglich war, weil (mehrheitlich) Frauen diese unbezahlte Arbeit „im Hintergrund" geleistet und es damit (mehrheitlich) den Männern ermöglicht haben, mehr oder weniger ungestört einer Erwerbstätigkeit nachzugehen. Beides ist für den Erhalt unserer Gesellschaft enorm wichtig: Dass Generationen nachwachsen und gut ausgebildet, Ältere und Schwache umsorgt werden *und* dass in Unternehmen Maschinen gebaut, Dienstleistungen konzipiert und Innovationen hervorgebracht werden. Das eine geht nicht ohne das andere. Das deutsche Sozialsystem „belohnt" allerdings (in Form von Ansprüchen auf Sozialleistungen wie Rente, Arbeitslosengeld I, Krankengeld etc.) viel stärker bezahlte Erwerbstätigkeit als unbezahlte Familienarbeit. Viele Frauen begaben – und begeben sich noch heute – daher sowohl kurzfristig als auch langfristig in die finanzielle Abhängigkeit von Männern. Auf der anderen Seite werden Männer, die die unbezahlte Familienarbeit ihren Frauen überlassen „sozial abhängig": Spätestens im Falle einer Trennung oder Scheidung haben sie – trotz aller rechtlichen Reformen der letzten Jahre – im Zweifel das Nachsehen, wenn es um den Umgang mit den gemeinsamen Kindern geht. Wenn also die Corona-Pandemie diese geschlechtsspezifische Arbeitsverteilung von Müttern und Vätern verschärft hat, sollte uns dies aufmerksam machen. Denn trotz aller Errungenschaften der letzten Jahre und Jahrzehnte gilt weiterhin, dass der „Versuch, gleichberechtigtere Vereinbarkeitsmodelle zwischen erwerbstätigen Paaren (z. B. Vollzeit-Vollzeit und geteilte Verantwortung für kind- und haushaltsbezogene Arbeiten) real zu leben, […] kaum und nur mit großen individuellen Anstrengungen möglich [ist]" (Ehnis 2018: 373).

Zivilgesellschaftliche Initiativen sowie zahlreiche Wissenschaftler*innen haben in diesem Sinne bereits gefordert, dass die unbezahlte Familienarbeit in Zukunft mit in die Wertschöpfung einbezogen wird. Damit klar ist, was Familien für die Gesellschaft wirklich leisten – und dass sie eine adäquate Unterstützung benötigen. Das könnte dabei helfen, die familienpolitischen Maßnahmen zu systematisieren und Argumente dafür liefern, warum Familie und Bildung mehr Bedeutung (und damit verbunden auch ein höheres Budget) zugestanden werden sollte. Familienwissenschaftler*innen fordern allerdings schon jetzt, dass die Corona-Pandemie rückblickend nur der Auslöser gewesen sein darf, Verbesserungen für die Situation von Familien in Deutschland anzustoßen.

6.5 Zusammenfassung

Die Corona-Pandemie hat Familien viel abverlangt. Bei vielen Familien resultierte diese erhöhte Belastung in einer gestiegenen Beanspruchung. Nicht nur bei Müttern und Vätern, auch bei Kindern und Jugendlichen zeigen sich die kurz- und mittelfristigen physischen, vor allem aber psychischen Folgen der Pandemie bereits jetzt. Wie es Familien langfristig nach der Pandemie geht, hängt auch davon ab, welche (langfristigen) Unterstützungsmaßnahmen die Politik auf Bundes-, Länder- und kommunaler Ebene noch entwickeln wird.

6 Familien- und Vereinbarkeitspolitik

Aufgabe zum Kapitel:

1. *Recherchieren Sie, wie andere Länder in Europa mit der Corona-Pandemie umgegangen sind. Wurden hier in ähnlichem Umfang Schulen und Kindergärten bzw. Kitas geschlossen?*

7

Fazit

Wie schön, dass Sie sich auf diese Reise durch die spannende Welt der Familien- und Vereinbarkeitspolitik eingelassen haben!

Im Kap. 2 haben Sie zunächst gelernt, wie Familie und Elternschaft sich im Laufe der letzten Jahre und Jahrzehnte verändert haben. Zentral sind in diesem Zusammenhang die demografischen Entwicklungen, die zum Beispiel dazu beigetragen haben, dass Kindern heute innerhalb von Familien eine ganz andere Rolle zukommt als noch vor einigen Jahrzehnten. Sie haben im diesem Kapitel außerdem gelernt, dass Familie nicht nur durch Verwandtschaftsbeziehungen entsteht. Auch unabhängig von Blutsverwandtschaft wird Familie gelebt – z. B. in Stieffamilien aber auch bei „Wunschgroßeltern" aus der Nachbarschaft oder dem Freundeskreis.

Im Kap. 3 wurde – neben einem Überblick über die historischen Entwicklungen des Politikfeldes Familie – allerdings auch thematisiert, dass die Familien- und Vereinbarkeitspolitik heute nicht mehr nur Mütter und Kinder adressiert, sondern auch zunehmend andere Zielgruppen wie Väter oder pflegende Angehörige in den Blick nimmt. Sie widmet sich damit zunehmend der gelebten Realität in Familien. Andererseits versucht sie auch, gezielt Einfluss z. B. auf eine geschlechtergerechtere Arbeitsverteilung innerhalb von Familien zu nehmen. Welche Motive dafür handlungsleitend sind und welche Instrumente den familienpolitischen Akteuren für deren Erreichung zur Verfügung stehen, hat das Abschn. 3.4 verdeutlicht.

Das Kap. 4 hat Ihnen einen Überblick über die Auseinandersetzung unterschiedlicher wissenschaftlicher Disziplinen mit dem Thema „Familie" gegeben – und damit auch noch einmal den Querschnittscharakter des Politikfeldes aufgezeigt. Sie haben zudem gelernt, welche Datenbanken Sie nutzen können, um eigene familie- und vereinbarkeitswissenschaftliche Forschungsprojekte durchzuführen und wo Sie entsprechende Literatur zum Weiterlesen finden.

Der Fokus des Kap. 5 lag auf der internationalen Familien- und Vereinbarkeitspolitik. Wir haben hier anhand von Daten der OECD Family Database nicht nur die Familienstruktur in unterschiedlichen Ländern beleuchtet, sondern auch einen Blick auf die familien- und vereinbarkeitspolitischen Leistungen in diesen Ländern geworfen. Anschließend ging es darum, familien- und vereinbarkeitspolitische Outcomes an Beispielen wie der

7 Fazit

Müttererwerbstätigkeitsquote oder der Kinderbetreuungsquote zu verdeutlichen. Im Abschn. 5.6. wurden anschließend aktuelle Studien vorgestellt, die Erklärungsansätze für die Unterschiede in den untersuchten Ländern liefern.

Das Kap. 6 lenkte den Blick auf ein aktuelles Thema, das Familien in Deutschland beschäftigt: Die Corona-Pandemie. Anhand aktueller empirischer Ergebnisse gab das Kapitel u. a. Antworten auf die Frage, wie Müttern und Vätern vor dem Hintergrund der Schul- und Kitaschließungen die Vereinbarkeit von Beruf und Familie gelang, wie es Eltern, Kindern und Jugendlichen während der Pandemie erging und welche Maßnahmen staatliche Akteure einsetzten, um Familien zu unterstützen.

Eins ist Ihnen beim Lesen dieses Lehrbuchs hoffentlich klar geworden: Familie ist ständig im Wandel. Familien- und Vereinbarkeitspolitik auch. Sehen Sie die Inhalte aus diesem Buch also als Ausgangspunkt, nicht als Ziel Ihrer Reise durch die spannende Welt der Familien- und Vereinbarkeitspolitik an!

8

Kommentierte Literatur

Blum, Sonja/Kuhlmann, Johanna/Schubert, Klaus (2020): Routledge Handbook of European Welfare Systems. 2nd Edition. Abingdon, Oxon, New York: Routledge.

Das Routledge Handbook of European Welfare Systems liefert umfassende Informationen zum Wohlfahrtssystem aller 28 EU-Mitgliedsstaaten, inklusive aktueller Reformen. Darüber hinaus wird die Sozialpolitik der Europäischen Union in gesonderten Kapiteln behandelt. Die detaillierte Darstellung ist damit eine solide Grundlage für familienpolitische Vergleiche.

Ecarius, Jutta; Schierbaum, Anja (2022): Handbuch Familie. Gesellschaft, Familienbeziehungen und differentielle Felder. Wiesbaden: Springer VS.

Das Handbuch Familie liefert anhand aktueller Forschungsergebnisse einen detaillierten Einblick in diverse familienwissenschaftliche Disziplinen. Entsprechend des interdisziplinären Ansatzes des Handbuchs werden klassische und neue Konzepte vorgestellt und anhand von Themen wie „Familie und Migration", „Familie und Wohlbefinden" oder „Familien und Zeitknappheit" dargestellt.

Gerlach, Irene (im Erscheinen): Familienpolitik. Lehrbuch, 3. Auf. Wiesbaden: Springer VS.

Der „Klassiker" unter den Lehrbüchern zur Familienpolitik. Irene Gerlach stellt sowohl historische als auch soziologische und politikwissenschaftliche Grundzüge rund um das Thema „Familie" dar. Das Buch umfasst u. a. eine detaillierte Analyse der parteipolitischen Programme im Zeitverlauf.

Nieuwenhuis, Rense/van Lancker, Wim: The Palgrave Handbook of Family Policy (2020). Palgrave Macmillan, Cham.

Der Fokus des Sammelbandes liegt auf familienpolitischen Systemen und familienpolitischen Outcomes unterschiedlicher Länder. Behandelt werden allerdings nicht nur Nationalstaaten, sondern auch supranationale Organisationen und regionale Familienpolitiken. Darüber hinaus liefert das Handbuch Informationen zu aktuellen theoretischen Konzepten. Themenschwerpunkte sind u. a. Kinder, Gleichberechtigung, Fertilität und Diversität.

Wonneberger, Astrid/Weidtmann, Katja/Stelzig-Willutzki, Sabina (2018): Familienwissenschaft. Grundlagen und Überblick. Wiesbaden: Springer VS.

Das Buch von Wonneberger et al. gibt einen Überblick über den wissenschaftlichen Diskurs zum Thema Familie in unterschiedlichen Disziplinen. Neben Informationen zur Geschichte der Familienwissenschaft stellen die Autor*innen *des Sammelbandes in einzelnen Kapiteln familienwissenschaftliche Diskurse und Konzepte innerhalb der Soziologie, der Geschichtswissenschaften, der Ethnologie, der Psychologie, der Erziehungswissenschaft, der Sozialen Arbeit, der Wirtschaftswissenschaften, der Politikwissenschaften, der Rechtswissenschaften und der Medizin dar.*

9

Fallstudie

Im Juni 2020 – mitten in der Corona-Pandemie, titelte die Wochenzeitung Die ZEIT „Franziska Giffey. In der Nebenrolle". Die Journalistin Johanna Schoener bezog sich damit auf das Zögern der damaligen Bundesfamilienministerin, Familien, die zu den Zeitpunkt seit mehreren Wochen ohne Kinderbetreuung auskommen mussten, zu unterstützen. Im Artikel heißt es:

„Franziska Giffey gilt als effiziente Pragmatikerin, bisher war sie damit erfolgreich. Aber in der Krise mussten Eltern und Kinder lange auf Signale von ihr warten. […] [Die Ministerin] hat wenig konkrete Antworten und macht eine Bemerkung zum Homeoffice, die ihr die Eltern übel

---

Ergänzende Information Die elektronische Version dieses Kapitels enthält Zusatzmaterial, auf das über folgenden Link zugegriffen werden kann https://doi.org/10.1007/978-3-658-37149-4_9.

© Der/die Autor(en), exklusiv lizenziert an Springer Fachmedien Wiesbaden GmbH, ein Teil von Springer Nature 2022
R. Ahrens, *Familien- und Vereinbarkeitspolitik in Deutschland,* Elemente der Politik,
https://doi.org/10.1007/978-3-658-37149-4_9

nehmen: ,Das ist anstrengend, aber möglich.' Wer es überhaupt nicht hinkriege, dem empfiehlt Giffey, irgendwie zu versuchen, in die erweiterte Notbetreuung aufgenommen zu werden. Die Eltern, hauptsächlich Mütter, sind enttäuscht und wütend. [...] Corona hat diesem Land auch familienpolitisch einen bitteren Moment der Wahrheit beschert: Während Länder wie Norwegen oder Dänemark sich als Erstes darum kümmerten, Kindern und Eltern wieder Luft zu verschaffen, Kitas und Grundschulen schnell wieder öffneten, wurde hier ausgiebig über Fußballspiele, Friseure, Möbelhäuser und Biergärten diskutiert. Erst als Sozialwissenschaftler, Kinderschutzverbände und Mediziner vor einem Anstieg häuslicher Gewalt warnten, auf den Verlust von Bildungschancen hinwiesen und die Überlastung der Eltern thematisierten, fiel auf, dass man die Familien irgendwie vergessen hatte. [...] Obwohl Kinder in Deutschland ein Recht auf Bildung haben und sich Eltern auf die gesetzlich zugesicherte Kita-Betreuung verlassen – in der Krise war Familie in Deutschland wieder Privatsache. Verlässliche Lösungen für Familien sind auch drei Monate später nicht gefunden."

Sie haben gelernt, dass in Deutschland aufgrund der föderalen Struktur und der historischen Entwicklung die Bundesfamilienministerin bzw. der Bundesfamilienminister nicht allein für die Gestaltung der Familienpolitik zuständig ist. In der Corona-Pandemie erschwerte dies möglicherweise ein „schnelles Durchregieren". Bitte beantworten Sie vor diesem Hintergrund die folgenden Fragen:

1. Stellen Sie dar, welche Kompetenzen das Bundesministerium für Familie, Senioren, Frauen und Jugend im Bereich der Familienpolitik hat.
10 Punkte
2. Inwiefern beeinflussen Entscheidungen aus anderen Bundesressorts die Familienpolitik?
10 Punkte
3. Welche föderalen Ebenen sind neben dem Bund familienpolitisch relevant? Skizzieren Sie kurz deren Befugnisse und nennen Sie je ein Beispiel.
16 Punkte
4. Inwiefern nehmen nicht-staatliche Akteure Einfluss auf die Familienpolitik in Deutschland?
18 Punkte
5. Erläutern Sie, inwiefern das 2007 eingeführte Elterngeld dazu beitragen soll, die Aufteilung von unbezahlter Familienarbeit und bezahlter Erwerbsarbeit zu verändern.
16 Punkte
6. Wie waren unbezahlte Familienarbeit und bezahlte Erwerbsarbeit vom vorindustriellen Zeitalter bis zum Beginn der Corona-Pandemie in vielen Familien in Deutschland verteilt?
14 Punkte
7. Wie hat sich die Aufteilung von unbezahlter Familienarbeit und bezahlter Erwerbsarbeit im Laufe der Corona-Pandemie verändert?
8 Punkte
8. Wie hat sich das Wohlbefinden von Familien im Laufe der Corona-Pandemie verändert?
8 Punkte
Gesamt: 100 Punkte

Literatur

Adema, Willem; del Carmen Huerta, Maria; Panzera, Annette; Thevenon, Olivier & Pearson, Mark (2009). The OECD Family Database: Developing a Cross-National Tool for Assessing Family Policies and Outcomes. *Child Indicators Research, 2*(4), 437–460. https://doi.org/10.1007/s12187-009-9044-8.

Ahrens, Regina (2021). Beruf und Familie in Zeiten von Corona – Synchrone Vereinbarkeit als Herausforderung. In Bernhard Badura, Antje Ducki, Helmut Schröder, Joachim Klose & Markus Meyer (Hrsg.), *Fehlzeiten-Report 2021. Betriebliche Prävention stärken – Lehren aus der Pandemie* (S. 363–376).

Ahrens, Regina (i.E.). Betriebliches Familienbewusstsein und Doing Family. In Peter Burkowksi, Lars Charbonnier, Silke Köser, Antje Pech & Franziska Woellert (Hrsg.), *Familienorientierung in der Kirche groß machen. Evangelische Arbeitgeber*innen zwischen Innovation und Tradition auf dem Weg in die neue Arbeitswelt*. Evangelische Verlagsanstalt Leipzig.

Ahrens, Regina (2008). *Die Europäische Union als familienpolitischer Akteur*. Saarbrücken: VDM Verlag Dr. Müller.

Ahrens, Regina (2012). *Nachhaltigkeit in der deutschen Familienpolitik. Grundlagen – Analysen – Konzeptualisierung.* Wiesbaden: Springer VS.

Ahrens, Regina (2016). Unternehmenskultur als Schlüssel zu einer nachhaltigen familienbewussten Personalpolitik. In Bernhard Badura, Antje Ducki, Helmut Schröder, Joachim Klose & Markus Meyer (Hrsg.), *Fehlzeiten-Report 2016. Unternehmenskultur und Gesundheit – Herausforderungen und Chancen* (S. 121–128). Berlin, Heidelberg: Springer.

Ahrens, Regina (2019). Vereinbarkeit von Beruf und Familie: Herausforderung für Staat und Zivilgesellschaft. In Matthias Freise & Annette Zimmer (Hrsg.), *Zivilgesellschaft und Wohlfahrtsstaat im Wandel. Akteure, Strategien und Politikfelder* (S. 285–309). Springer.

Ahrens, Regina (2020). Familie und Beruf. In Jutta Ecarius & Anja Schierbaum (Hrsg.), *Handbuch Familie. Erziehung, Bildung und pädagogische Arbeitsfelder* (S. 1–21). Springer.

Ahrens, Regina & Blum, Sonja (2012). Zwischen Stau und Stimulus: Hemmende und fördernde Vetospieler in der Familienpolitik. In Florian Blank (Hrsg.), *Vetospieler in der Policy-Forschung* (S. 13–48). Wiesbaden: VS Verlag für Sozialwissenschaften.

Ahrens, Regina; Buschmeyer, Anna & Zerle-Elsäßer, Claudia (2022). Doing Family und Geschlecht in Zeiten der Corona-Pandemie – Wie Eltern in Zeiten hoher Belastung für ihre Kinder sorgen. In Robert Baar & Maja S. Maier (Hrsg.), *Jahrbuch Erziehungswissenschaftliche Geschlechterforschung* (Bd. 18). Barbara Budrich. S. 73-86.

Andresen, Sabine; Lips, Anna; Möller, Renate; Rusack, Tanja; Schröer, Wolfgang; Thomas, Severine & Wilmes, Johanna (2020). *Erfahrungen und Perspektiven von jungen Menschen während der Corona-Maßnahmen.* Zugriff am 21. Dezember 2020 unter hildok.bsz-bw.de/files/1081/KiCo_FamilienCorona.pdf.

AOK (2018). *AOK-Familienstudie 2018.* Zugriff am 9. Dezember 2020 unter www.aok.de/pk/fileadmin/user_upload/Universell/05-Content-PDF/aok-familienstudie-2018.pdf.

Auspurg, Katrin (2021, März). *Teilzeit(präferenzen) als Ursache für den Gender Pay Gap? Analysen mit Längsschnittdaten und Survey-Experimenten.* Lunchbag Sessions. Familie am Mittag. Ein familienwissenschaftliches Kolloquium der Abteilung F des DJI, München.

Baader, Meike Sophia; Götte, Petra & Gippert, Wolfgang (Hrsg.) (2018). *Migration und Familie. Historische und aktuelle Analysen.* Springer VS: Wiesbaden.

Baronsky, Alexandra; Gerlach, Irene & Schneider, Ann Kristin (2012). Väter in der Familienpolitik. *Aus Politik und Zeitgeschichte (APuZ), 40.* unter www.bpb.de/apuz/144855/vaeter-in-der-familienpolitik.

Battes, Robert (2018). *Eherecht. Enzyklopädie der Rechts- und Staatswissenschaft.* Heidelberg: Springer-Verlag.

Becker, Gary S. (1973). A Theory of Marriage: Part I. *Journal of Political Economy, 81*(4), 813–846.

Becker, Rolf & Tremel, Patricia (2011). Bildungseffekte vorschulischer Betreuung, Erziehung und Bildung für Migranten in Deutschland. In Rolf Becker (Hrsg.), *Integration durch Bildung. Bildungserwerb von jungen Migranten* (S. 57–70). Wiesbaden: VS-Verlag.

Becker, Stefan (2011). *Familienbewusste Personalpolitik – Ein Überblick über Bewährtes. Expertise für die Sachverständigenkommission zur Erstellung des 8. Familienberichts zum Thema „Familienbewusste Personalpolitik – ein Überblick über Bewährtes". Unveröffentlichtes Manuskript.*

Benninghoven, D.; Cierpka, M. & Thomas, V. (2008). Überblick über familiendiagnostische Fragebogeninventare. In Manfred Cierpka (Hrsg.), *Handbuch der Familiendiagnostik* (3., aktualisierte und ergänzte Auflage, S. 428–446). Heidelberg: Springer Medizin Verlag.

Bernhardt, Janine & Zerle-Elsäßer, Claudia (2021). Home-Office und grenzübergreifende, digitale Kommunikation als Chance für eine gelungene Vereinbarkeit? Mütter und Väter im Vergleich. In Susanne Kuger, Sabine Walper & Thomas Rauschenbach (Hrsg.), *Aufwachsen in Deutschland 2019. Alltagswelten von Kindern, Jugendlichen und Familien* (S. 118–127). Bielefeld: WBV Media.

Blome, Janina (2017). Öffentliche Kinderbetreuung in Deutschland – Suboptimale Problemlösung im Föderalismus? In Irene Gerlach (Hrsg.), *Elternschaft. Zwischen Autonomie und Unterstützung* (S. 197–225). Wiesbaden: Springer.

Blum, Sonja (2012). *Familienpolitik als Reformprozess. Deutschland und Österreich im Vergleich.* Wiesbaden: Springer VS.

Blum, Sonja (2017). Familienpolitik. In Renate Reiter (Hrsg.), *Sozialpolitik aus politikfeldanalytischer Perspektive. Eine Einführung* (S. 297–340). Wiesbaden: Springer VS.

Blum, Sonja; Formánková, Lenka; Dobrotic & Ivana (2014). Family Policies in 'Hybrid' Welfare States after the Crisis: Pathways between Policy Expansion and Retrenchment. *Social Policy & Administration, 48*(4), 468–491.

Blum, Sonja; Kuhlmann, Johanna & Schubert, Klaus (Hrsg.) (2020). *Routledge Handbook of European Welfare Systems* (2nd Edition). Abingdon, Oxon: Routledge.

Blum, Sonja & Schubert, Klaus (2009). *Politikfeldanalyse.* Wiesbaden: VS Verlag für Sozialwissenschaften.

Boll, Christina (2018). Die Familie aus der Perspektive der Wirtschaftswissenschaften. In Astrid Wonneberger, Weidtmann, Stelzig-Willutzki Katja & Sabina (Hrsg.), *Familienwissenschaft. Grundlagen und Überblick* (S. 315–349). Wiesbaden: Springer VS.

Boll, Christina & Beblo, Miriam (2013). *Das Paar – eine Interessenseinheit? Empirische Evidenz zu partnerschaftlichen Aushandlungsprozessen. Reihe Forum Politik und Gesellschaft der Friedrich-Ebert-Stiftung.* Berlin.

Bonefeld, Meike & Dickhäuser, Oliver (2018). (Biased) Grading of Students' Performance: Students' Names, Performance Level, and Implicit Attitudes. *Frontiers in psychology, 9.* https://doi.org/https://doi.org/10.3389/fpsyg.2018.00481.

Bonin, Holger; Schnabel, Reinhold & Stichnoth, Holger (2014). Zur Effizienz der ehe- und familienbezogenen Leistungen in Deutschland im Hinblick auf soziale Sicherungs- und Beschäftigungsziele. *Vierteljahrshefte zur Wirtschaftsforschung, 83*(1), 29–48. https://doi.org/https://doi.org/10.3790/vjh.83.1.29.

Budde, Gunilla (2018). Familie im Fokus der Geschichtswissenschaften. In Astrid Wonneberger, Weidtmann, Stelzig-Willutzki Katja & Sabina (Hrsg.), *Familienwissenschaft. Grundlagen und Überblick* (S. 149–176). Wiesbaden: Springer VS.

Budde, Jürgen & Venth, Angela (2010). *Geschlechterkompetenz für lebenslanges Lernen. Bildungsprozesse geschlechterkompetent gestalten.* Bielefeld: Bertelsmann.

Bujard, Martin (2014a). *Elterngeld. How Agenda-Setting and New Stakeholder Coalitions Facilitated a Paradigm Shift in German Family Policies.* Zugriff am 15. Juli 2021 unter regierungsforschung.de/neue-fallstudie-elterngeld-wie-agenda-setting-und-neue-interessenkoalitionen-den-familienpolitischen-paradigmenwechsel-ermoeglichen-von-martin-bujard/.

Bujard, Martin (2014b). Familienpolitische Geldleistungen. *Dossier Familienpolitik der Bundeszentrale für politische Bildung.* Zugriff am 14. Juli 2021 unter www.bpb.de/politik/innenpolitik/familienpolitik/193715/familienpolitische-geldleistungen?p=all.

Bujard, Martin; den Driesch, Ellen von; Ruckdeschel, Kerstin; Laß, Inga; Thönnissen, Carolin; Schumann, Almut & Schneider, Norbert F. (2021). *Belastungen von Kindern, Jugendlichen und Eltern in der Corona-Pandemie* (Bundesinstitut für Bevölkerungsforschung, Hrsg.), Wiesbaden.

Bujard, Martin; Laß, Inga; Diabaté, Sabine; Sulak, Harun & Schneider, Norbert F. (Bundesinstitut für Bevölkerungsforschung, Hrsg.) (2020). *Eltern während der Corona Krise. Zur Improvisation gezwungen.* Zugriff am 13. Oktober 2020 unter www.bib.bund.de/Publikation/2020/pdf/Eltern-waehrend-der-Corona-Krise.html?nn=9755140.

Bundesgesetzblatt (1979). Gesetz zur Einführung des Mutterschutzgesetzes vom 25. Juni 1979. *Bundesgesetzblatt.* (32). Teil I, ausgegeben am 30.06.1979.

Bundesinstitut für Bevölkerungsforschung (o.J.a). *Altersaufbau der Bevölkerung (2018 und 2060. Ergebnisse der 14. Koordinierten Bevölkerungsvorausberechnung des Bundes und der Länder, Variante 2: Moderate Entwicklung der Fertilität, Lebenserwartung und Wanderung.* Zugriff am 26. August

2021 unter www.bib.bund.de/DE/Fakten/Fakt/B11-Altersaufbau-Bevoelkerung-Vorausberechnung.html.

Bundesinstitut für Bevölkerungsforschung (o.J.b). *Bevölkerung ab 20 Jahre nach Familienstand in Deutschland (1970–2018)*. Zugriff am 14. Juli 2021 unter www.bib.bund.de/Permalink.html?id=10291576.

Bundesinstitut für Bevölkerungsforschung (2019a). *Zusammengefasste Geburtenziffer (Total Fertility Rate – TFR)*. Zugriff am 14. Juli 2021 unter www.bib.bund.de/DE/Fakten/Glossar/Z/Zusammengefasste-Geburtenziffer.html;jsessionid=938970981BF87727E9AD51869CB77733.2_cid389?nn=9754814.

Bundesinstitut für Bevölkerungsforschung (2019b). *Zusammengefasste Geburtenziffer in Deutschland (1871–2019b)*. Zugriff am 14. Juli 2021 unter www.bib.bund.de/Permalink.html?id=10241752.

Bundesministerium für Familie, Senioren, Frauen und Jugend (2010). *Bestandsaufnahme der familienbezogenen Leistungen und Maßnahmen des Staates im Jahr 2010*.

Bundesministerium für Familie, Senioren, Frauen und Jugend (2014). *Dossier Müttererwerbstätigkeit. Erwerbstätigkeit, Erwerbsumfang und Erwerbsvolumen 2012*.

Bundesministerium für Familie, Senioren, Frauen und Jugend (2016). *Familien mit Migrationshintergrund. Analysen zur Lebenssituation, Erwerbsbeteiligung und Vereinbarkeit von Familie und Beruf*.

Bundesministerium für Familie, Senioren, Frauen und Jugend (2017). *Zweiter Gleichstellungsbericht der Bundesregierung*.

Bundesministerium für Familie, Senioren, Frauen und Jugend (2020a). *(Existenzsichernde) Erwerbstätigkeit von Müttern. Konzepte, Entwicklungen und Perspektiven. Monitor Familienforschung. Beiträge aus Forschung, Statistik und Familienpolitik. Ausgabe 41*.

Bundesministerium für Familie, Senioren, Frauen und Jugend (2020b). *Gelebte Vielfalt: Familien mit Migrationshintergrund in Deutschland*. Zugriff am 18. November 2021 unter www.bmfsfj.de/bmfsfj/service/publikationen/gelebte-vielfalt-familien-mit-migrationshintergrund-in-deutschland-116882.

Bundesministerium für Familie, Senioren, Frauen und Jugend (2021a). *Aktionsprogramm „Aufholen nach Corona für Kinder und Jugendliche"*. Zugriff am 25. November 2021a unter www.bmfsfj.de/bmfsfj/themen/corona-pandemie/aufholen-nach-corona.

Bundesministerium für Familie, Senioren, Frauen und Jugend (2021b). *Aktuelle Informationen zu Hilfs- und Unterstützungsangeboten*. Zugriff am 2. November 2021b unter www.bmfsfj.de/bmfsfj/themen/corona-pandemie.

Buschmeyer, Anna; Ahrens, Regina & Zerle-Elsäßer, Claudia (2021). Wo ist das (gute) alte Leben hin? Doing Family und Vereinbarkeitsmanagement in der Corona-Krise. *GENDER. Zeitschrift für Geschlecht, Kultur und Gesellschaft*. (2), 11–28.

Daly, Mary (1994). Comparing welfare states: towards a gender friendly approach. In Diane Sainsbury (Hrsg.), *Gendering Welfare States*. London.

Dechant, Anna; Rost, Harald & Schulz, Florian (2014). Die Veränderung der Hausarbeitsteilung in Paarbeziehungen: ein Überblick über die Längsschnittforschung und neue empirische Befunde auf Basis der pairfam-Daten. *Zeitschrift für Familienforschung, 26*(2), 144–168.

Diehl, Claudia; Diewald, Martin; Fangerau, Heiner; Fegert, Jörg; Hahlweg, Kurt; Leyendecker, Birgit; Scheiwe, Kirsten; Schuler-Harms, Margarete & Spieß, C. Katharina (2016). Ausgewählte Befunde und rechtlicher Rahmen der Teilhaberealität. In Wissenschaftlicher Beirat für Familienfragen (Hrsg.), *Migration und Familie. Kindheit mit Zuwanderungsgeschichte* (S. 81–128). Wiesbaden: Springer VS.

Diehl, Claudia; Gerlach, Irene & Leyendecker, Birgit (2016). Einleitung. In Wissenschaftlicher Beirat für Familienfragen (Hrsg.), *Migration und Familie. Kindheit mit Zuwanderungsgeschichte* (S. 17–36). Wiesbaden: Springer VS.

Dortmunder Arbeitsstelle Kinder- und Jugendhilfestatistik (2016). *Träger von Kindertageseinrichtungen im Spiel der amtlichen Statistik. Eine Analyse der Strukturen, der Bildungsbeteiligung, des Personals und von Qualitätskriterien*. Dortmund: Eigenverlag Forschungsverbund DJI/TU Dortmund an der Fakultät 12 der Technischen Universität Dortmund.

Ecarius, Jutta (2007). Familienerziehung. In Jutta Ecarius (Hrsg.), *Handbuch Familie* (S. 137–156). Wiesbaden: VS Verlag für Sozialwissenschaften.

Ehnis, Patrick (2018). Politikwissenschaftliche Perspektiven auf Familie. Zur Governance von Familie. In Astrid Wonneberger, Weidtmann, Stelzig-Willutzki Katja & Sabina (Hrsg.), *Familienwissenschaft. Grundlagen und Überblick* (S. 351–384). Wiesbaden: Springer VS.

El-Mafaalani, Aladin (2017). Diskriminierung von Menschen mit Migrationshintergrund. In Albert Scherr, Aladin El-Mafaalani & Gökçen Yüksel (Hrsg.), *Handbuch Diskriminierung* (S. 465–478). Wiesbaden: Springer VS.

El-Mafaalani, Aladin & Kemper, Thomas (2017). Bildungsteilhabe geflüchteter Kinder und Jugendlicher im regionalen Vergleich. Quantitative Annäherungen an ein neues Forschungsfeld. *Zeitschrift für Flüchtlingsforschung, 1*(2), 173–217. https://doi.org/10.25656/01:21268.

Emery, Tom (2020). Private Childcare and Employment Options: The Geography of the Return toWork for Mothers in the Netherlands. In Rense Nieuwenhuis & Wim van Lancker (Hrsg.), *The Palgrave Handbook of Family Policy* (S. 511–532). Palgrave Macmillan, Cham.

Esping-Andersen, Gøsta (1990). *The Three Worlds of Welfare Capitalism*. Cambridge: Polity Press.

Esping-Andersen, Gøsta (1999). *Social Foundations of Postindustrial Economies*. Oxford.

Eurostat (o.J.). *Glossar: Offene Methode der Koordinierung (OMK)*. Zugriff am 17. Mai 2021 unter ec.europa.eu/eurostat/statistics-explained/index.php?title=Glossary:Open_method_of_coordination_(OMC)/de.

Gauthier, Anne H. (1996). *The State and the Family. A comparative analysis of family policies in industrialized countries*. Oxford: Clarendon Press.

Gauthier, Anne H. (1999). The sources and methods of comparative family policy research. *Comparative Social Research, 18*, 31–56.

Gauthier, Anne H. (2010). *The Impact of the Economic Crisis on Family Policies in the European Union*. Brussels: European Commission.

Gerlach, Irene (1996). *Familie und staatliches Handeln. Ideologie und politische Praxis in Deutschland:* Opladen.

Gerlach, Irene (2008). Familienpolitik: Geschichte und Leitbilder. *Familie und Familienpolitik. Informationen zur politischen Bildung*. (301).

Gerlach, Irene (2009). Wandel der Interessenvermittlung in der Familienpolititik. In Britta Rehder, Thomas von Winter & Ulrich Willems (Hrsg.), *Interessenvermittlung in Politikfeldern. Vergleichende Befunde der Policy- und Verbändeforschung* (S. 90–108). Wiesbaden: VS Verlag für Sozialwissenschaften.

Gerlach, Irene (2010). *Familienpolitik* (2., aktualisierte und überarbeitete Auflage). Wiesbaden: VS Verlag für Sozialwissenschaften.

Gerlach, Irene (2017a). Elternrechte und Elternpflichten: Art. 6 GG sowie das Familienrecht und seine Reformen. In Irene Gerlach (Hrsg.), *Elternschaft. Zwischen Autonomie und Unterstützung* (S. 127–146). Wiesbaden: Springer.

Gerlach, Irene (Hrsg.) (2017b). *Elternschaft. Zwischen Autonomie und Unterstützung*. Wiesbaden: Springer.

Gerlach, Irene (2017c). Elternschaft und Elternpflichten im Spannungsfeld zwischen Leitbildern und Alltag. In Irene Gerlach (Hrsg.), *Elternschaft. Zwischen Autonomie und Unterstützung* (S. 21–47). Wiesbaden: Springer.

Gerlach, Irene; Heddendorp, Henning & Laß, Inga (2014). *Vater sein in Nordrhein-Westfalen. Ergebnisse einer Studie*.

Greenhaus, Jeffrey H. & Beutell, Nicholas J. (1985). Sources of Conflict between Work and Family Roles. *The Academic Management Review, 10*(1), 76–88.

Hank, Karsten & Kreyenfeld, Michaela (2003). A multilevel analysis of child care and women's fertility decisions in Western Germany. *Journal of Marriage and Family, 65*(3), 584–596.

Hank, Karsten & Steinbach, Anja (2020). The virus changed everything, didn't it? Couples' division of housework and childcare before and during the Corona crisis. *Journal of Family Research, 33*(1), 99–114.

Hehl, Susanne von (2017). Herausforderung Elternschaft und die öffentliche Verantwortung für den Kinderschutz. In Irene Gerlach (Hrsg.), *Elternschaft. Zwischen Autonomie und Unterstützung* (S. 105–124). Wiesbaden: Springer.

Henry-Hutmacher, Christine (2014). *Familienleitbilder in Deutschland. Ihre Wirkung auf Familiengründungen und Familienentwicklung*. Sankt Augustin.

Hill, Reuben (1958). Generic features of families under stress. *Social Casework, 49*, 139–150.

Hübener, Mathias; Waights, Sevrin; Spiess, C. Katharina; Siegel, Nico A. & Wagner, Gert G. (2020). Parental Well-Being in Times of Covid-19 in Germany. *SOEPpapers on Multidisciplinary Panel Data Research*. (1099).

Hummrich, Merle (2017). Diskriminierung im Erziehungssystem. In Albert Scherr, Aladin El-Mafaalani & Gökçen Yüksel (Hrsg.), *Handbuch Diskriminierung* (S. 337–352). Wiesbaden: Springer VS.

Javornik, Jana & Kurowska, Anna (2017). Parental leave as real opportunity structure for families and the source of gender and class inequalities. *Social Policy & Administration, 51*(4), 617–637.

Javornik, Jana & Yerkes, Mara A. (2020). Conceptualizing National Family Policies: A Capabilities Approach. In Rense Nieuwenhuis & Wim van Lancker (Hrsg.), *The Palgrave Handbook of Family Policy* (S. 141–167). Palgrave Macmillan, Cham.

Jenson, Jane (2020). Beyond the National: How the EU, OECD, and World Bank Do Family Policy. In Rense Nieuwenhuis & Wim van Lancker (Hrsg.), *The Palgrave Handbook of Family Policy* (S. 45–68). Palgrave Macmillan, Cham.

Jentsch, Birgit & Schnock, Brigitte (2020). Child welfare in the midst of the coronavirus pandemic. Emerging evidence from Germany. *Child abuse & neglect, 110*(2), 104716.

Juncke, David (2005). *Betriebswirtschaftliche Effekte familienbewusster Personalpolitik: Forschungsstand. FFP-Arbeitspapier1.*

Jurczyk, Karin (2014). Doing Family – der Practical Turn der Familienwissenschaften. In A. Steinbach, M. Hennig & O. Arránz Becker (Hrsg.), *Familie im Fokus der Wissenschaft* (S. 117–138). Wiesbaden: Springer VS.

Jurczyk, Karin (2018). Familie als Herstellungsleistung. Elternschaft als Überforderung? In Kerstin Jergus, Jens Oliver Krüger & Anna Roch (Hrsg.), *Elternschaft zwischen Projekt und Projektion. Aktuelle Perspektiven der Elternforschung* (Studien zur Schul- und Bildungsforschung, Band 61, S. 143–166). Wiesbaden: Springer VS.

Kamerman, Sheila B. & Kahn, Alfred J. (1978). *Family Policy. Government and Families in Fourteen Countries.* New York: Columbia University Press.

Kaufmann, Franz-Xaver (2019). *Bevölkerung – Familie – Sozialstaat. Kontexte und sozialwissenschaftliche Grundlagen von Familienpolitik.* Herausgegeben von Tilman Mayer. Wiesbaden: Springer VS.

Klinksiek, Dorothee (1982). *Die Frau im NS-Staat.* Stuttgart: Deutsche Verlags-Anstalt.

Kohlrausch, Bettina & Zucco, Aline (2020). *Die Corona-Krise trifft Frauen doppelt. Weniger Erwerbseinkommen und mehr Sorgearbeit.* WSI Policy Brief: 40. Zugriff am 11. November 2021 unter www.wsi.de/de/faust-detail.htm?sync_id=HBS-007676.

Kreyenfeld, Michaela; Zinn, Sabine; Entringer, Theresa; Goebel, Jan; Grabka, Markus M.; Graeber, Daniel & Kroh, Martin (2020). Coronavirus & Care: How the Coronavirus Crisis Affected Father's Involvement in Germany. *DIW SOEPpapers on Multidisciplinary Panel Data Research.* (1096).

Lange, Andreas & Thiessen, Barbara (2018). Eltern als Bildungscoaches? Kritische Anmerkungen aus intersektionalen Perspektiven. In Kerstin Jergus, Jens-Oliver Krüger & Anna Roch (Hrsg.), *Elternschaft zwischen Projekt und Projektion. Aktuelle sozialwissenschaftliche Perspektiven auf Eltern* (S. 273–294). Wiesbaden: VS Springer.

Langmeyer, Alexandra; Guglhör-Rudan; Naab, Thorsten; Urlen, Marc & Winklhofer, Ursula (2020). *Kindsein in Zeiten von Corona. Ergebnisse zum veränderten Alltag und zum Wohlbefinden von Kindern*, München. Zugriff am 11. November 2021 unter www.dji.de/themen/familie/kindsein-in-zeiten-von-corona-studienergebnisse.html.

Leitner, Siegrid (2019). Familienpolitik. In Herbert Obinger & Manfred G. Schmidt (Hrsg.), *Handbuch Sozialpolitik* (S. 739–760). Wiesbaden: Springer VS.

Leitner, Sigrid (2003). Varieties of familialism: The caring function of the family in comparative perspective. *European Societies, 5*(4), 353–375. https://doi.org/https://doi.org/10.1080/1461669032000127642.

Letzel, Verena; Pozas, Marcela & Schneider, Christoph (2020). Energetic Students, Stressed Parents, and Nervous Teachers: A Comprehensive Exploration of Inclusive Homeschooling During the COVID-19 Crisis. *Open Education Studies, 2*(2), 159–170.

Lewis, Jane (1992). Gender and the Development of Welfare Regimes. *Journal of European Social Policy, 3*, 159–173.

Lewis, Jane & Ostner, Ilona (1994). *Gender and the Evolution of European Social Policies. Arbeitspapier Nr. 4*, ZeS Zentrum für Sozialpolitik.

Liebenwein, Sylva (2008). *Erziehung und soziale Milieus. Elterliche Erziehungsstile in milieuspezifischer Differenzierung*. Wiesbaden: VS Verlag für Sozialwissenschaften.

Lüscher, Kurt (Eidgenössische Koordinationskommission für Familienfragen EKFF, Hrsg.) (2003). *Warum Familienpolitik? Argumente und Thesen zu ihrer Begründung*.

Matthes, Eva (2018). Familie und Familienforschung in der Erziehungswissenschaft. In Astrid Wonneberger, Weidtmann, Stelzig-Willutzki Katja & Sabina (Hrsg.), *Familienwissenschaft. Grundlagen und Überblick* (S. 249–280). Wiesbaden: Springer VS.

Mätzke, Margitta (2019). Comparative Perspectives on Childcare Expansion in Germany: Explaining the Persistent East-West Divide. *Journal of Comparative Policy Analysis:*

Research and Practice, 21(1), 47–64. https://doi.org/https://doi.org/10.1080/13876988.2017.1416817.

Merens, Ans & van den Brakel, Marion (2014). *Emancipatiemonitor 2014.* Zugriff am 7. September 2021 unter www.cbs.nl/nl-nl/publicatie/2014/51/emancipatiemonitor-2014.

Merla, Laura & Dedonder, Jonathan (2019). *Configurations familiales post-divorce/séparation en FWB : Le point de vue des adolescent-e-s.* Zugriff am 25. August 2021 unter uclouvain.be/fr/chercher/cirfase/configurations-familiales-post-divorce-separation-en-fwb-le-point-de-vue-des-adolescent-e-s.html.

Möhring, Katja; Naumann, Elias; Reifenscheid, Maximiliane; Blom, Annelies G.; Wenz, Alexander; Rettig, Tobias; Lehrer, Roni; Krieger, Ulrich; Juhl, Sebastian; Friedel, Sabine & Cornesse, Carina (2020). Die Mannheimer Corona-Studie: Schwerpunktbericht zu Erwerbstätigkeit und Kinderbetreuung.

Müller, Hans-Rüdiger & Krinninger, Dominik (2015). Familie als Bildungskonfiguration. Theoretische und methodologische Aspekte eines erziehungswissenschaftlich begründeten Forschungszugangs. In Ursula Stenger, Doris Edelmann & Anke König (Hrsg.), *Erziehungswissenschaftliche Perspektiven in frühpädagogischer Theoriebildung und Forschung* (S. 203–220). Weinheim und Basel: Beltz Juventa.

Müller, Kai-Uwe; Samtleben, Claire; Schmieder, Julia & Wrohlich, Katharina (2020). Corona-Krise erschwert Vereinbarkeit von Beruf und Familie vor allem für Mütter – Erwerbstätige Eltern sollten entlastet werden. https://doi.org/10.18723/DIW_WB:2020-19-1.

Müttergenesungswerk (2019). *Müttergenesungswerk. Datenreport 2019.* Zugriff am 9. Dezember 2020 unter www.muettergenesungswerk.de/fileadmin/Downloads/Infomaterial/Muettergenesungswerk_Datenreport_2019.pdf.

Nave-Herz, Rosemarie (2018). Familiensoziologie. Historische Entwicklung, theoretische Ansätze, aktuelle Themen. In Astrid Wonneberger, Weidtmann, Stelzig-Willutzki Katja & Sabina (Hrsg.), *Familienwissenschaft. Grundlagen und Überblick* (S. 119–148). Wiesbaden: Springer VS.

Nussbaum, Martha C. (2020). Frauen und Arbeit. Der Fähigkeitenansatz. In Thomas Beschorner, Alexander Brink, Bettina Hollstein, Marc C. Hübscher & Olaf Schumann (Hrsg.), *Wirtschafts- und Unternehmensethik* (S. 275–299). Wiesbaden: Springer VS.

OECD (o.J.a). *OECD Family Database. Children in families.* Zugriff am 31. August 2021 unter www.oecd.org/els/family/database.htm.

OECD (o.J.b). *OECD Family Database. Family size and composition.* Zugriff am 31. August 2021 unter www.oecd.org/els/family/database.htm.

OECD (o.J.c). *OECD Family Database. Fertility rates.* Zugriff am 31. August 2021 unter www.oecd.org/els/family/database.htm.

OECD (o.J.d). *OECD Family Database. Age of mothers at childbirth and age-specific fertility.* Zugriff am 1. September 2021 unter www.oecd.org/els/family/database.htm.

OECD (o.J.e). *OECD Family Database. Child poverty.* Zugriff am 2. September 2021 unter www.oecd.org/els/family/database.htm.

OECD (o.J.f). *OECD Family Database. Employment profiles over the life-course.* Zugriff am 6. September 2021 unter www.oecd.org/els/family/database.htm.

OECD (o.J.g). *OECD Family Database. Enrolment in childcare and pre-school.* Zugriff am 2. September 2021 unter www.oecd.org/els/family/database.htm.

OECD (o.J.h). *OECD Family Database. Gender differences in employment outcomes.* Zugriff am 6. September 2021 unter www.oecd.org/els/family/database.htm.

OECD (o.J.i). *OECD Family Database. Gender pay gaps for full-time workers and earnings by educational attainment.* Zugriff am 6. September 2021 unter www.oecd.org/els/family/database.htm.

OECD (o.J.j). *OECD Family Database. Informal childcare arrangements.* Zugriff am 1. September 2021 unter www.oecd.org/els/family/database.htm.

OECD (o.J.k). *OECD Family Database. Maternal employment.* Zugriff am 2. September 2021 unter www.oecd.org/els/family/database.htm.

OECD (o.J.l). *OECD Family Database. Parental leave replacement rates.* Zugriff am 2. September 2021 unter www.oecd.org/els/family/database.htm.

OECD (o.J.m). *OECD Family Database. Public spending on childcare and early education.* Zugriff am 2. September 2021 unter www.oecd.org/els/family/database.htm.

OECD (o.J.n). *OECD Family Database. Public spending on family benefits.* Zugriff am 2. September 2021 unter www.oecd.org/els/family/database.htm.

OECD (o.J.o). *OECD Family Database. Time used for work, care and daily household chores.* Zugriff am 6. September 2021 unter www.oecd.org/els/family/database.htm.

OECD (o.J.p). *OECD Family Database. Use of childbirth-related leave benefits.* Zugriff am 6. September 2021 unter www.oecd.org/els/family/database.htm.

Ostner, Ilona (2003). "Individualisation" – The Origins of the Concept and its Impact on German Social Policy. *Social Policy & Society, 3*(1), 47–56.

Otto, Jeannette & Schoener, Johanna (2021, 30. März). Nicht fallen lassen! Vielen Kindern und Eltern geht es nach einem Jahr Pandemie sehr schlecht. Die Berliner Familiensenatorin Sandra Scheeres kündigt rasche Hilfen an. Die Bildungsökonomin C. Katharina Spieß hingegen fordert dauerhafte Investitionen. Ein Streitgespräch. *Die ZEIT,* 14. Zugriff am 14. Juli 2021 unter www.zeit.de/2021/14/sandra-scheeres-c-katharina-spiess-streitgespraech-familie-pandemie.

Possinger, Johanna (2015). Verbände in der Familienpolitik. *Dossier Familienpolitik der Bundeszentrale für politische Bildung.*

Ravens-Sieberer, Ulrike; Kaman, Anne; Erhart, Michael; Devine, Janine; Schlack, Robert & Otto, Christiane (2021). Impact of the COVID-19 pandemic on quality of life and mental health in children and adolescents in Germany. *European child & adolescent psychiatry.*

Riehl, Wilhelm Heinrich (1889). *Die Familie. Die Naturgeschichte des Volkes als Grundlage einer deutschen Social-Politik* (10. Aufl.). 3. Band. Stuttgart: Cotta.

Robeyns, Ingrid (2005). The capability approach: A theoretical survey. *Journal of Human Development, 6*(1), 93–117.

Roß, Ruth (2005). Work-Life-Balance: Individuelle Daueraufgabe im Spannungsfeld divergierender Interessen. Möglichkeiten der Unterstützung durch Mediation im Arbeitsleben. *Der pädagogische Blik, 13*(3), 145–159.

Rüling, Anneli (2007). *Jenseits der Traditionalisierungsfallen. Wie Eltern sich Familien- und Erwerbsarbeit teilen*. Frankfurt (am Main): Campus Verlag.

Scharpf, Fritz W. (1985). Die Politikverflechtungsfalle: Europäische Integration und deutscher Föderalismus im Vergleich. *Politische Vierteljahrsschrift*. (4), 323–356.

Scheiwe, Kirsten (2020). Familie, Gesellschaft und Familienrecht. In Jutta Ecarius & Anja Schierbaum (Hrsg.), *Handbuch Familie. Erziehung, Bildung und pädagogische Arbeitsfelder*. Springer. https://doi.org/10.1007/978-3-658-19416-1_61-1.

Scherr, Albert; El-Mafaalani, Aladin & Yüksel, Gökçen (Hrsg.) (2017). *Handbuch Diskriminierung*. Wiesbaden: Springer VS.

Schmidt, Andrea; Kramer, Andrea C.; Brose, Annette; Schmiedek, Florian & Neubauer, Andreas B. (2021). *Homeschooling and Affective Well-Being of Parents and Children During COVID-19 Pandemic: A Daily Diary Study*. Zugriff am 17. März 2021 unter psyarxiv.com/sntxz/.

Schneider, Ann Kristin & Schein, Corinna (2017). Nichtstaatliche Akteure in der Familienpolitik – Die besondere Bedeutung von Arbeitgebenden. In Irene Gerlach (Hrsg.), *Elternschaft. Zwischen Autonomie und Unterstützung* (S. 161–195). Wiesbaden: Springer.

Seilbeck, Carolin & Langmeyer, Alexandra (2018). *Ergebnisse der Studie „Generationenübergreifende Zeitverwendung: Großeltern, Eltern, Enkel"*. Zugriff am 3. Dezember 2020 unter www.dji.de/fileadmin/user_upload/bibs2018/WEB_DJI_GenerationZeit.pdf.

Sen, Amartya (1992). *Inequality reexamined*. Cambridge, MA: Harvard University Press.

Sinus Sociovision (2012). *Was heißt hier alleinerziehend? – Analysen zu Lebensformen und Beziehungskonstellationen von Müttern in Deutschland. Im Auftrag des Bundesministeriums für Familie, Senioren, Frauen und Jugend.*

Statistisches Bundesamt (2020c). *Betreuungsquote der unter 3-jährigen Kinder auf 35,0 % gestiegen. Kindertagesbetreuung unter 3-Jähriger im März 2020: +1,3 % gegenüber dem Vorjahr.* Zugriff am 9. Dezember 2020 unter www.destatis.de/DE/Presse/Pressemitteilungen/2020/09/PD20_380_225.html.

Statistisches Bundesamt (2020b). *Bevölkerung und Erwerbstätigkeit. Haushalte und Familien. Ergebnisse des Mikrozensus. Fachserie 1, Reihe 3.*

Statistisches Bundesamt (o.J.). *Elterngeld: Für im Jahr 2018 geborene Kinder haben über 1 Million Personen Elterngeld bezogen*, Statistisches Bundesamt. Zugriff am 6. September 2021 unter www.destatis.de/DE/Themen/Gesellschaft-Umwelt/Soziales/Elterngeld/elterngeld-plus.html.

Statistisches Bundesamt (2020a). *Erwerbsbeteiligung von Müttern zwischen 2008 und 2018 bundesweit gestiegen. Pressemitteilung Nr. N 023 vom 7. Mai 2020a.* Zugriff am 3. Dezember 2020 unter www.destatis.de/DE/Presse/Pressemitteilungen/2020/05/PD20_N023_132.html.

Statistisches Bundesamt (2017). *Bevölkerung und Erwerbstätigkeit. Haushalte und Familien. Ergebnisse des Mikrozensus. Fachserie 1, Reihe 3.*

Statistisches Bundesamt (2019). *Kinderlosigkeit, Geburten und Familien – Ergebnisse des Mikrozensus 2018.*

Statistisches Bundesamt (2020). *Durchschnittliches Alter der Mutter bei der Geburt des Kindes 2019 (biologische Geburtenfolge) nach Bundesländern.* Zugriff am 14. Juli 2021 unter www.destatis.de/DE/Themen/Gesellschaft-Umwelt/Bevoelkerung/Geburten/Tabellen/geburten-mutter-alter-bundeslaender.html.

Statistisches Bundesamt (2021). *Kinderbetreuung. Betreuungsquote von Kindern unter 6 Jahren nach Bundesländern.* Zugriff am 10. November 2021 unter www.destatis.de/DE/Themen/Gesellschaft-Umwelt/Soziales/Kindertagesbetreuung/Tabellen/betreuungsquote.html.

Thijs, Paula; Te Grotenhuis, Manfred; Scheepers, Peer & van den Brink, Marieke (2019). The Rise in Support for Gender Egalitarianism in the Netherlands, 1979–2006: The Roles of Educational Expansion, Secularization, and Female Labor Force Participation. *Sex Roles, 81*(9–10), 594–609.

Van den Broek, Thijs; Dykstra, Pearl A. & Van der Veen, Romke J. (2015). Care Ideals in the Netherlands: Shifts between 2002 and 2011. *Canadian Journal on Aging, 34*(3), 268–281.

Van Ham, Maarten & Mulder, Clara H. (2005). Geographical access to childcare and mothers' labour-force participation. *Tijdschrift Voor Economische En Sociale Geografie, 96*(1), 63–74.

Weidtmann, Katja (2018). Die Familie in der Psychologie. In Astrid Wonneberger, Weidtmann, Stelzig-Willutzki Katja & Sabina (Hrsg.), *Familienwissenschaft. Grundlagen und Überblick* (S. 209–248). Wiesbaden: Springer VS.

Willmroth, Jan (2015, 18. Juni). Einkommen des Partners. Nur die Liebe zählt – und das Geld. *Süddeutsche Zeitung*. Zugriff am 26. August 2021 unter www.sueddeutsche.de/geld/einkommen-des-partners-nur-die-liebe-zaehlt-und-das-geld-1.2527091.

Wissenschaftlicher Beirat für Familienfragen (Hrsg.) (2016). *Migration und Familie. Kindheit mit Zuwanderungsgeschichte*. Wiesbaden: Springer VS.

Witte, Julian; Bartram, Manuel & Hansemann, Lena (2021). *Folgen der Pandemie in der Krankenhausversorgung 2020. DAK-Sonderanalyse im Rahmen des Kinder- und Jugendreports*.

Wonneberger, Astrid (2018). Die Familie als Gegenstand der Ethnologie. In Astrid Wonneberger, Weidtmann, Stelzig-Willutzki Katja & Sabina (Hrsg.), *Familienwissenschaft. Grundlagen und Überblick* (S. 175–208). Wiesbaden: Springer VS.

Wonneberger, Astrid; Weidtmann; Katja, Stelzig-Willutzki & Sabina (Hrsg.) (2018). *Familienwissenschaft. Grundlagen und Überblick*. Wiesbaden: Springer VS.

Yerkes, Mara A. & Javornik, Jana (2019). Creating capabilities: Childcare policies in comparative perspective. *Journal of European Social Policy, 29*(4), 529–544.

Zerle-Elsäßer, Claudia; Buschmeyer, Anna & Ahrens, Regina (2022). Struggling to "do family" during COVID-19: Evidence from a German Mixed-Methods-Study. *International Journal of Care and Caring. 6*(1–2), 103–121.

Zinn, Sabine; Bayer, Michael; Entringer, Theresa; Goebel, Jan; Grabka, Markus M.; Graeber, Daniel; Kroh, Martin; Kröger, Hannes; Kühne, Simon; Liebig, Stefan; Schröder, Carsten; Schupp, Jürgen & Seebauer, Johannes (2020). Subjektive Belastung der Eltern durch Schulschließungen zu Zeiten des Corona-bedingten Lockdowns. *SOEPpapers on Multidisciplinary Panel Data Research.* (1097). Zugriff am 16. Dezember 2020 unter www.diw.de/documents/publikationen/73/diw_01.c.794185.de/diw_sp1097.pdf.

Zoch, Gundula; Bächmann, Ann-Christin & Vicari, Basha (2020). *Care-Arrangements and Parental Well-Being During the COVID-19 Pandemic in Germany.*

The manufacturer's authorised representative in the EU is Springer Nature Customer Service Centre GmbH, Europaplatz 3, 69115 Heidelberg, Germany. If you have any concerns regarding our products, please contact ProductSafety@springernature.com

Printed and bound by CPI Group (UK) Ltd, Croydon, CR0 4YY
23/03/2026
02076749-0001